Diccionario escolar enfocado

Matemáticas
Grados 4 y 5

DEG

San Antonio, Texas

Staff

Jorge Díaz
Contenidos

Roberto Escalona
Revisión Técnica

Alba Sánchez
Directora Editorial

Producción

Luis Díaz
Director de Diseño

Alejandro Flores
Director de Producción

Elida Lara
Formación

Arte

Aurora del Rosal
Patricia Bautista
Alejandro Garza
Ilustradores

Irla Granillo
Ilustración de Portada

Contenido

Querido amigo:

Tu *Diccionario escolar enfocado* para Matemáticas 4 y 5 es una útil herramienta de consulta para resolver las dudas de los conceptos que aprendes en tus clases de matemáticas. También es una obra de referencia a la que puedes acudir para profundizar en los temas clave y practicar las destrezas matemáticas que deben cubrir los estudiantes de 4 y 5 grado. Ponemos en tus manos la oportunidad de ampliar tus destrezas matemáticas y satisfacer tu curiosidad de búsqueda de soluciones a problemas de difícil comprensión.

El contenido de tu *Diccionario escolar enfocado* para Matemáticas 4 y 5 fue seleccionado de los programas educativos que llevas en tu escuela. Las definiciones están escritas en un lenguaje sencillo y con ejemplos de cómo aplicar los conceptos de matemáticas en tu vida cotidiana. Además, las coloridas ilustraciones que acompañan los textos son una guía visual que facilitan tu comprensión de temas complicados.

Tus papás y tus maestros son personajes importantes en el desarrollo de tus destrezas matemáticas, por eso este diccionario también está dirigido a ellos. Juntos podrán explorar temas que te resulten difíciles de comprender o que a ellos les sea difícil explicarte. Disfruten esta herramienta invaluable que es el *Diccionario escolar enfocado* para Matemáticas 4 y 5 que Diaz Educational Group pone en sus manos.

Los Editores

Cómo usar este diccionario

El *Diccionario escolar enfocado* para Matemáticas 4 y 5 es una guía para la comprensión y aplicación de conceptos de matemáticas. Cada término está definido al nivel del leguaje cotidiano de los estudiantes que cursan estos grados. También se acompañan de un ejemplo de su aplicación en actividades cotidianas y al alcance de la comprensión de los estudiantes. Algunos términos están ilustrados, convirtiéndose en una ayuda visual que hacen más comprensibles los conceptos.

Este diccionario se complementa con la sección "Amplía tu conocimiento", donde se explica con mayor detalle los temas claves de matemáticas que deben dominar los estudiantes de los grados 4 y 5. Esta sección también es una herramienta invaluable para los padres de familia, quienes encontrarán en ella la manera de explicar y trabajar junto con sus hijos sobre temás áridos de matemáticas.

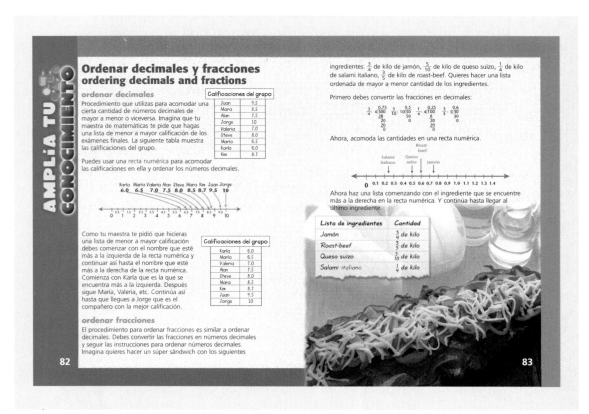

En toda la obra se presentan recuadros con información sobre asuntos relacionados con los conceptos definidos en este diccionario. Son una conexión de las matemáticas con otras áreas del conocimiento. Al final del diccionario se ofrece un índice ordenado alfabéticamente en inglés, el cual es una referencia rápida para las personas que no comprenden o están aprendiendo el idioma español.

El *Diccionario escolar enfocado* para Matemáticas 4 y 5 ofrece una amplia selección de términos, pero no necesariamente incluye a todos los conceptos que los estudiantes leen en sus libros de texto.

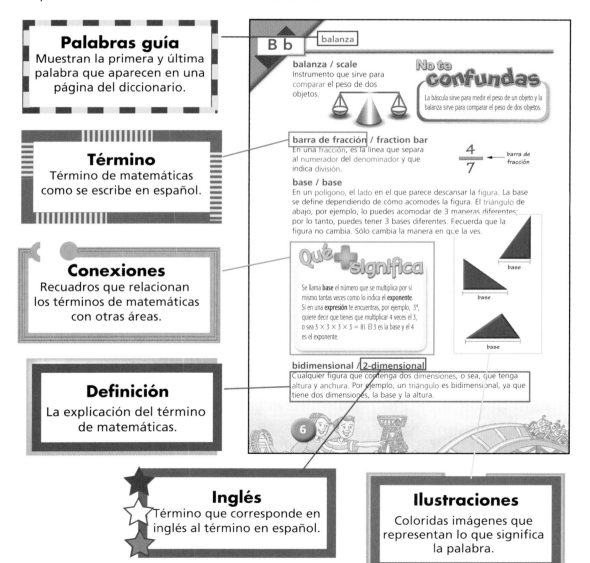

Palabras guía
Muestran la primera y última palabra que aparecen en una página del diccionario.

Término
Término de matemáticas como se escribe en español.

Conexiones
Recuadros que relacionan los términos de matemáticas con otras áreas.

Definición
La explicación del término de matemáticas.

Inglés
Término que corresponde en inglés al término en español.

Ilustraciones
Coloridas imágenes que representan lo que significa la palabra.

am / a.m.
El tiempo entre la medianoche y el mediodía.

ábaco / abacus
Antiguo instrumento matemático que consiste en un cuadro con alambres en los que se insertan bolas movibles. Funciona como una calculadora con la que puedes hacer operaciones básicas como suma, resta, multiplicación y división. En la actualidad todavía se usa en algunos países orientales.

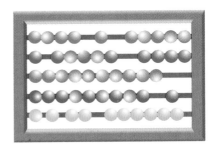

abscisa / x-axis
Consulta eje horizontal.

acre / acre
Unidad de área del sistema usual que sirve para medir terrenos o áreas de tierra. Un acre equivale a 43,560 pies cuadrados. También equivale a 4,840 yardas cuadradas o 4,047 metros cuadrados. Ejemplo: "En una excursión de la escuela fuimos a una granja que medía 1 acre".

208.71 pies   208.71 pies

acre

adyacentes / adjacent
En una figura bidimensional, son los lados que se tocan. El punto donde se tocan se llama vértice. En una figura tridimensional, son las caras que se tocan. La línea donde se tocan las caras se llama arista.

lados adyacentes

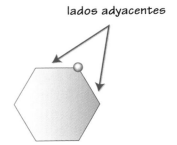

álgebra / algebra
Área de las matemáticas en la que usas operaciones aritméticas para resolver problemas en los que intervienen variables, números y signos.

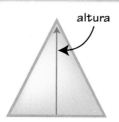

altura

altura / height
En un triángulo o cuadrilátero, longitud de la recta perpendicular que va desde la base hasta el punto más alto de la figura geométrica.

anchura / width
En un rectángulo, la base de la figura. En una figura tridimensional, una de las tres dimensiones de la figura.

ángulo / angle
Figura formada por la intersección de dos segmentos de recta, rayos, lados o caras. El lugar donde se cruzan se llama vértice. Existen cuatro tipos de ángulos: agudo, llano, obtuso y recto.

ángulo agudo / acute angle
Ángulo menor que un ángulo recto. Este ángulo mide menos de 90°.

ángulo agudo

ángulo central / central angle
En un círculo, el ángulo formado por dos radios, con el centro del círculo como vértice del ángulo. En las gráficas circulares, cada rebanada forma un ángulo central distinto.

ángulo llano / straight angle
Ángulo que forma una recta. Este ángulo mide 180°.

ángulo llano

ángulo obtuso / obtuse angle
Ángulo mayor que un ángulo recto pero menor que un ángulo llano. Este ángulo mide más de 90° pero menos de 180°.

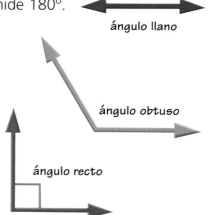

ángulo obtuso

ángulo recto / right angle
Ángulo que se forma con dos rectas perpendiculares, o sea, la esquina de un cuadrado. Este ángulo mide 90°.

ángulo recto

A a

ángulos correspondientes / corresponding angles

Cualquier par de ángulos en la misma posición relativa de dos figuras similares o figuras congruentes. La magnitud de los ángulos correspondientes es la misma. Recuerda que la posición de una de las figuras puede variar con respecto a la otra debido a que se puede girar, trasladar o invertir.

año bisiesto / leap year

Año que tiene 366 días. Normalmente, un año tiene 365 días. El día que se agrega al año bisiesto se añade al mes de febrero. Existen los años bisiestos porque la Tierra tarda cerca de 365 días y 6 horas en completar una vuelta alrededor del Sol (traslación de la Tierra). Como nuestro calendario se basa en días, cada 4 años es necesario agregar un día para recuperar las 6 horas adicionales que tarda la Tierra en dar la vuelta al Sol. Esto es, 6 × 4 = 24 horas. Por esta razón, se agrega un día cada 4 años.

¿Sabías que..?

En el año 46 a.C., Julio César cambió el **calendario** e introdujo el año de 365 días con un día adicional cada 4 años. No obstante, para el siglo XVI el calendario llevaba un atraso de 10 días, por lo que el papa Gregorio XIII volvió a cambiar el calendario. Antes, todos los años que marcaban un fin de siglo eran bisiestos. Después de Gregorio XIII, sólo son bisiestos los años que marcan un fin de siglo **divisible** entre 40 sin obtejer un residuo.
El resultado es un año más cercano al año solar por la eliminación de 3 años bisiestos cada cuatro siglos. Por ejemplo, los años 1400, 1500 y 1700 no fueron bisiestos ni lo serán los años 2200 y 2300. Los años 2000 y 2800 sí son bisiestos.

árbol de factores / factor tree

Diagrama que te sirve para hallar los factores primos de un número. Usa este árbol para hallar el máximo común divisor de dos números. Observa el ejemplo de la derecha. El número 36 se descompone, en su primera fase, de dos maneras diferentes (4 × 9 y 6 × 6), pero el resultado final es el mismo: Los factores primos de 36 son 2 × 2 × 3 × 3. No importa de qué manera descompongas los números, siempre llegarás al mismo resultado.

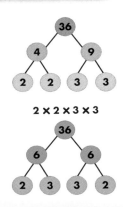

2 × 2 × 3 × 3

2 × 2 × 3 × 3

3

archivo de datos / data file

Colección de información en la que todos los datos tienen relación unos con otros. Revisa la tabla de la derecha. Todos los datos se refieren al peso máximo de algunas ballenas. Se trata de un archivo de datos sobre el peso de ballenas.

Nombre	Peso
Ballena azul	190 tons.
Ballena de aleta	97 tons.
Ballena jorobada	64 tons.
Ballena gris	39 tons.

área / area

La cantidad de unidades cuadradas necesarias para cubrir una superficie o figura geométrica bidimensional. El tipo de unidad que debes usar es centímetros cuadrados, metros cuadrados, pies cuadrados, yardas cuadradas, pulgadas cuadradas, etc. Ejemplo: Imagina que quieres alfombrar tu cuarto que mide 3 metros de ancho por 4 metros de largo. ¿Cuántos metros cuadrados de alfombra necesitas? Recuerda que para calcular el área de un rectángulo debes multiplicar la base por la altura. Entonces, necesitas 12 metros cuadrados de alfombra.

área total / surface area

La suma de las áreas de las caras de una figura sólida geométrica. Ejemplo: Imagina que tienes una caja en forma de cubo que mide 12 pulgadas por lado y quieres envolverla para regalo. Necesitas saber cuánto papel comprar. Sabes que un cubo se compone de 6 cuadrados iguales. Si sumas el área de los 6 cuadrados sabrás el área total del cubo.

Área de un cuadrado = 12 pulg × 12 pulg = 144 pulg^2
Área total = 144 pulg^2 × 6 = 864 pulg^2

Con el uso de la tabla de medidas:

1 pie cuadrado = 144 pulgadas cuadradas. $\frac{864}{144} = 6$

Necesitas 6 pies cuadrados de papel para envolver.

arista / edge

En una figura sólida geométrica, es un segmento donde se unen dos caras. Si el segmento es recto, es una arista recta. Si el segmento es curvo, es una arista curva. Por ejemplo, toma un cubo y cuenta los lugares donde se unen dos caras. En un cubo hay 12 aristas.

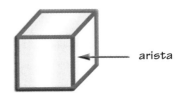

arista

arista curva / curved edge

Segmento circular donde se unen dos caras curvas. En un cilindro, la cara superior es un círculo. La circunferencia del círculo es una arista curva.

arista curva

arista recta / straight edge

Segmento de recta donde se unen dos caras de una figura sólida geométrica.

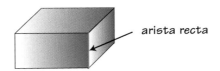

arista recta

ascendente / ascending

Orden de los números de menor a mayor. En una hoja de cálculo de una computadora puedes ordenar los números de manera ascendente con el comando Ordenar (Sort) y la opción Ascendente (Ascending). La computadora ordenará los números automáticamente de menor a mayor. Si se trata de palabras, las ordenará alfabéticamente.

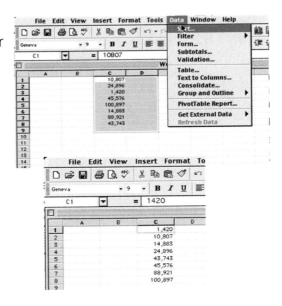

balanza / scale

Instrumento que sirve para comparar el peso de dos objetos.

No te confundas

La báscula sirve para medir el peso de un objeto y la balanza sirve para comparar el peso de dos objetos.

barra de fracción / fraction bar

En una fracción, es la línea que separa al numerador del denominador y que indica división.

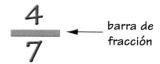

$$\frac{4}{7}$$ ← barra de fracción

base / base

En un polígono, el lado en el que parece descansar la figura. La base se define dependiendo de cómo acomodes la figura. El triángulo de abajo, por ejemplo, lo puedes acomodar de 3 maneras diferentes; por lo tanto, puedes tener 3 bases diferentes. Recuerda que la figura no cambia. Sólo cambia la manera en que la ves.

Qué + significa

Se llama **base** el número que se multiplica por sí mismo tantas veces como lo indica el **exponente**. Si en una **expresión** te encuentras, por ejemplo, 3^4, quiere decir que tienes que multiplicar 4 veces el 3, o sea $3 \times 3 \times 3 \times 3 = 81$. El 3 es la base y el 4 es el exponente.

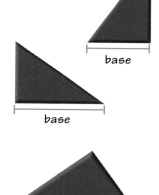

base

base

base

bidimensional / 2-dimensional

Cualquier figura que contenga dos dimensiones, o sea, que tenga altura y anchura. Por ejemplo, un triángulo es bidimensional, ya que tiene dos dimensiones, la base y la altura.

calculadora / calculator

Instrumento que te sirve para hacer cálculos matemáticos de manera rápida y exacta. Las funciones básicas de cualquier calculadora son: suma, resta, multiplicación, división y cálculo de porcentaje. Algunas calculadoras realizan, además, otras funciones matemáticas como: raíz cuadrada, elevar un número al cuadrado, funciones trigonométricas, etc.

cálculo mental / mental math

Usar la mente para hacer operaciones básicas como sumas, restas, multiplicaciones y divisiones. Te sirve para hacer cálculos rápidos en la vida diaria. Ejemplo: Tienes un billete de 10 dólares y quieres comprar 3 juguetes de $3.20 cada uno. Si aplicas el cálculo mental sabrás que sí puedes comprarlos porque $3 \times 3 = 9$ dólares y $3 \times 20 = 60$ centavos. Entonces, $9 + 0.60 = 9.60$ dólares.

cálculo mental

calendario / calendar

Serie de 12 tablas que muestran los días y las semanas de cada mes de un año en particular. Te sirve para organizar tus actividades diarias a futuro.

calendario

cambio / change

Cantidad de dinero que te regresan cuando pagas con más dinero de lo que cuesta lo que compraste.

capacidad / capacity

La cantidad de líquido que contiene un envase cuando éste se encuentra lleno. Por ejemplo, si una lata indica 10 onzas líquidas, quiere decir que si la llenas caben en ella 10 onzas líquidas.

capacidad

cara / face
Cualquier figura plana que es parte de una figura sólida geométrica.

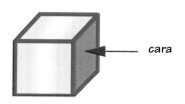

cara

cardinal / cardinal
Número que te indica la cantidad de objetos.

casilla / cell
La intersección de una fila y una columna dentro de una tabla. El número de casillas de una tabla resulta de la multiplicación del número de filas por el de columnas de la tabla.

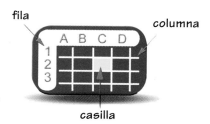

fila

columna

casilla

centenas / hundreds
Conjunto de cien unidades. En un número entero, las centenas se encuentran en la tercera posición de derecha a izquierda. El dígito que se encuentre en esa posición lo multiplicas por 100. Revisa valor posicional.

centenas de millar / hundred thousands
Conjunto de cien mil unidades. En un número entero, las centenas de millar ocupan la sexta posición de derecha a izquierda. El dígito en esa posición lo multiplicas por 100,000. Revisa valor posicional.

centenas de millón / hundred millions
Conjunto de cien millones de unidades. En un número entero, las centenas de millón ocupan la novena posición de derecha a izquierda. El dígito en esa posición lo multiplicas por 100,000,000. Revisa valor posicional.

centésimo / hundredth
La parte que resulta de dividir un todo en 100 partes iguales. Por ejemplo, si divides un cuadrado en 10 filas y 10 columnas, tienes 100 casillas y cada casilla es un centésimo del cuadrado. En un número decimal, los centésimos ocupan la segunda posición después del punto decimal. El dígito que encuentres en esa posición lo divides entre 100. Revisa valor posicional.

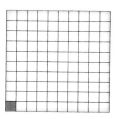

centésimo

centímetro (cm) / centimeter (cm)

Unidad de longitud del sistema métrico que es 100 veces menor que un metro. El prefijo *centi-* significa la centésima parte de la unidad. Entonces, *centí*-metro significa la centésima parte de un metro. Usa esta unidad para medir longitudes pequeñas como lápices, la altura de latas y envases, etc. Revisa la tabla de medidas en la página 126 para mayor información.

centímetro

centímetro cuadrado (cm²) / square centimeter (cm²)

Unidad que se usa para medir el área de una figura plana o bidimensional, por lo general, de figuras pequeñas como portadas de libros, superficies de escritorios, etc. Es el área equivalente a un cuadrado de 1 centímetro por lado. Por ejemplo, la portada de tu libro de texto de matemáticas mide 616 centímetros cuadrados (28 cm por 22 cm). Revisa la definición de centímetro.

centímetro cúbico (cm³) / cubic centimeter (cm³)

Unidad que se usa para medir el volumen de una figura sólida geométrica o tridimensional; por lo general se usa para figuras pequeñas como cubos, latas de comida, etc. Es el volumen equivalente a un cubo de 1 centímetro por lado. Repasa la definición de centímetro.

centro / center

Punto dentro de un círculo que se encuentra a la misma distancia de todos los puntos que componen la circunferencia.

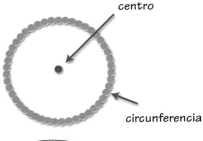

centro

circunferencia

cilindro / cylinder

Figura sólida geométrica con dos caras circulares. Las caras circulares deben ser figuras congruentes. Consulta la tabla de fórmulas de la página 124.

cilindro

círculo / circle

Figura cerrada en donde todos sus puntos están a la misma distancia de otro punto llamado centro. A esa distancia se le llama radio. Consulta la tabla de fórmulas de la página 124.

¿Sabías que...?

La palabra "círculo" proviene del latín *circus* que significa "circo". La forma tradicional de los circos romanos donde se llevaban a cabo las famosas carreras de carrozas romanas era redonda u ovalada. De ahí se deriva el nombre de esta figura geométrica.

circunferencia / circumference

La distancia alrededor de un círculo. Es el perímetro del círculo. La manera de calcular la circunferencia de un círculo es multiplicando 2 por π por el radio del círculo. Imagina que tienes una alberca circular con un radio de 3 m en tu casa y quieres colocar un barandal alrededor de ella. ¿Cuánto barandal necesitas comprar para rodearla completamente? Lo que necesitas hacer es calcular la circunferencia de la alberca. Sabes que el radio de la alberca es 3, entonces $2 \times \pi \times 3 = 18.84$ m. Necesitas comprar 18.84 m de barandal. Consulta la tabla de fórmulas de la página 124.

clave / key

En una pictografía, la clave te muestra qué cantidad representa cada símbolo. Revisa la definición de pictografía para que examines el ejemplo.

cociente / quotient

El resultado de la operación de división. Dividendo entre divisor es igual a cociente. Por ejemplo, en la división $24 \div 8 = 3$, el número 3 es el cociente.

$$\begin{array}{r} 3 \\ 8\overline{)24} \\ 0 \end{array}$$

cociente

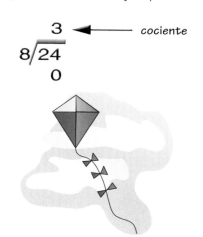

cometa / kite

Cuadrilátero que tiene dos pares de lados iguales que son adyacentes. El tamaño de los pares de lados iguales no tiene que ser el mismo.

comparar decimales / compare decimals
Ve a la página 12.

compás / compass
Instrumento formado por dos piernas articuladas que
sirve para dibujar círculos. Una de las piernas contiene
una puntilla de lápiz y la otra una punta metálica. La
distancia entre las dos piernas en su punto más bajo es
el radio del círculo. La pierna con la punta metálica se
mantiene en un lugar fijo que es el centro del círculo, y al
hacer girar la pierna con la puntilla se dibuja la circunferencia del
círculo.

compensación / compensation
Técnica de estimación para sumas y restas en la que redondeas uno
de los números a la decena más cercana y compensas (sumas o restas)
esa misma cantidad en el segundo número.

Ejemplo: Suma:

$$53 + 124 \quad \text{Redondea a la decena}$$
$$50 + 3 \quad \text{Compensa en el segundo número}$$
$$50 + 127 = 177$$

computadora / computer
Herramienta que te sirve para realizar
diversas funciones como: consultar
información en Internet, escribir cartas
e informes escolares, llevar un control
de tus ingresos y gastos, dibujar, etc.
Una computadora consta de dos

partes fundamentales: hardware y software. El hardware es el equipo
físico de la computadora: monitor, CPU, ratón, teclado, impresora, etc.
El software son los programas que están dentro del hardware y que te
permiten efectuar una función específica. Por ejemplo, si requieres hacer
una carta, necesitas un procesador de textos. Si requieres consultar
información en Internet, necesitas un navegador. Si quieres controlar tus
ingresos necesitas una hoja de cálculo.

comparar decimales / compare decimals

Comparar números decimales te sirve para saber cuál de los dos números es mayor, o si son iguales. Puedes comparar dos números decimales de dos maneras diferentes.

1 Con la recta numérica.

Ubica los dos números en la recta numérica.

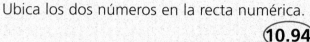

número mayor

10.46

El número decimal que se encuentra a la derecha es el mayor.

2 Con el valor posicional de los números.

10.**9**4
10.46
Alinea los dos números decimales con el punto decimal.

10.**9**4
10.**4**6
Empieza de izquierda a derecha. Busca el primer número que sea diferente.

→ 10.**9**4
10.46
El número decimal que tenga el valor más alto es el número mayor.

Para escribir la comparación, utiliza los símbolos de comparación: <, > ó =. 10.94 > 10.46.

Símbolo	Indica
=	que los dos números decimales son iguales.
<	que el primer número es menor que el segundo.
>	que el primer número es mayor que el segundo.

Ejemplo

En los 100 metros planos, Tim Montgomery hizo un tiempo de 9.78 segundos en la competencia de París. Donovan Bailey hizo 9.84 segundos en los Juegos Olímpicos de Atlanta en 1996. ¿Quién es más rápido?

1 Con la recta numérica.

9.78 < 9.84.

2 Con el valor posicional de los números.

9.84	Alinea los números decimales con
9.78	el punto decimal.
9.84	El 9 es igual en los 2 números.
9.78	7 es menor que 8.
9.84	9.78 < 9.84
9.78	

Tim Montgomery es más rápido que Donovan Bailey.

comprobar / check
Confirmar si una respuesta es razonable.

congruencia / congruent
Ve a la página 16.

cono / cone
Figura sólida geométrica con una cara circular como base y un vértice. Consulta la Tabla de fórmulas de la página 124.

conteo en serie / skip-count
Estrategia que te sirve para multiplicar por medio de sumas repetidas de un mismo número o expresión. Cada nuevo número es múltiplo del número inicial. Por ejemplo, imagina que quieres saber cuántos chocolates hay en 3 cajas si cada caja contiene 3 hileras de 4 chocolates.

$$(3 \times 4) + (3 \times 4) + (3 \times 4)$$
$$12 \quad + \quad 12 \quad + \quad 12 \quad = 36$$

Hay 36 chocolates en total.

conteo en serie hacia atrás / backwards skip-count
Estrategia que te sirve para dividir por medio de restas repetidas de un mismo número o expresión. Por ejemplo, imagina que tu escuela va a ir a un día de campo y utilizan autobuses con capacidad para 40 alumnos. Si tu escuela tiene 200 alumnos, ¿cuántos autobuses necesitan?

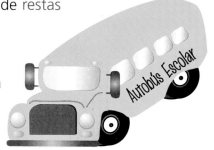

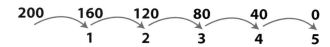

200	160	120	80	40	0
	1	2	3	4	5

Necesitan 5 autobuses para ir al día de campo.

convertir fracciones / rename fractions

Si una fracción es mayor que 1, la puedes convertir en una fracción mixta. Primero divide el numerador entre el denominador. El cociente es la parte entera y el residuo es el nuevo numerador con el mismo denominador de la fracción original. Otra manera es contar hacia atrás, comenzando con el numerador, e ir restando el denominador. Cuando ya no puedas descontar, lo que te quede será el numerador, y las veces que contaste hacia atrás, el entero.

Ejemplo: convertir $\frac{14}{3}$ en número mixto.

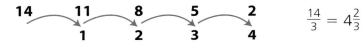

$$\frac{14}{3} = 4\frac{2}{3}$$

convertir unidades / change units

Cuando trabajas con diferentes tipos de medida, debes primero convertirlos a una misma medida. También debes convertir las medidas de una respuesta si consideras que no es suficientemente clara y quieres que se entienda mejor. Por ejemplo, imagina que quieres envolver una caja grande para regalo que tiene forma de prisma rectangular y mide 12 pulg de alto por 15 pulg de ancho por 20 pulg de largo. Un pie cuadrado de papel para envolver cuesta 0.50 de dólar. ¿Cuánto te cuesta envolver el regalo? El área total del prisma es: $2 \times (12 \text{ pulg} \times 15 \text{ pulg}) + 2 \times (20 \text{ pulg} \times 12 \text{ pulg}) + 2 \times (20 \text{ pulg} \times 15 \text{ pulg}) = 360 + 480 + 600 = 1,440$ pulg cuadradas. Ahora conviertes las pulgadas cuadradas en pies cuadrados.

1 pie cuadrado = 144 pulgadas cuadradas.

$\frac{1,440}{144}$ = 10 pies cuadrados.

10 pies cuadrados $\times$ 0.50 de dólar = 5 dólares.

Además, es más fácil entender 10 pies cuadrados que 1,440 pulgadas cuadradas, ¿no crees?

congruencia / congruence

Se dice que dos figuras son congruentes cuando todas sus partes correspondientes son iguales. Debes de tener cuidado ya que las figuras pueden estar en diferente posición. Para saber si dos figuras son congruentes debes ponerlas en la misma posición utilizando cualquiera de las 3 transformaciones permitidas: trasladar, hacer girar e invertir.

Imagina que tienes las 2 siguientes figuras y desea saber si son congruentes.

Primero debes de hacer girar la figura:

Despues debes trasladar la figura para que esté al lado de la otra.

Finalmente debes invertir la figura para que ambas queden en la misma posición.

Debido a que ambas figuras coinciden puedes decir que son figuras congruentes. Sus partes correspondientes son iguales: ángulos y lados.

simetría / symmetry

Se dice que una figura tiene simetría si la divides por medio de una recta y las partes resultantes son figuras congruentes. A la recta que divide la figura en dos figuras congruentes se llama eje de simetría.

Una figura puede no tener simetría, tener un eje de simetría o tener 2 o más ejes de simetría:

Figura sin simetría

Figura con 1 eje de simetría

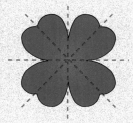

Figura con 4 ejes de simetría

Recuerda que para sabes si dos figuras son congruentes puedes utilizar los tres tipos de transformaciones disponibles: trasladar, hacer girar e invertir.

con palabras / word name
Consulta forma verbal.

coordenadas / coordinates
Número(s) que, de manera conjunta, te indica(n) la posición de un punto en una recta, plano o espacio tridimensional. En una recta, requieres una sola coordenada para indicar la posición de un punto; en un plano, requieres dos coordenadas; y en un espacio tridimensional, requieres tres coordenadas.

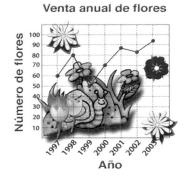

Venta anual de flores

criba de Eratóstenes / sieve of Eratosthenes
Método para identificar todos los números primos menores o iguales que cierto número. Sigue el procedimiento que se muestra a continuación:

Paso 1 Escribe todos los números consecutivos desde 1 hasta el número máximo, que, en este ejmplo, es 20.

1	2	3	4	5
6	7	8	9	10
11	12	13	14	15
16	17	18	19	20

Paso 2 Encierra en un cuadro el 1. El número 1 no es ni primo ni número compuesto.

1	2	3	4	5
6	7	8	9	10
11	12	13	14	15
16	17	18	19	20

Paso 3 Encierra en un círculo el 2. Tacha todos los múltiplos del 2.

1	2	3	4	5
6	7	8	9	10
11	12	13	14	15
16	17	18	19	20

Paso 4 Encierra en un círculo el siguiente número que no esté tachado. Tacha los múltiplos de ese número.

Paso 5 Repite el paso 4 hasta que ya no haya números disponibles. Haz una lista con los números encerrados en un círculo. Esa lista es tu lista de números primos.

2, 3, 5, 7, 11, 13, 17, 19

cuadrado / square

En geometría, polígono que tiene 4 lados iguales y estos lados forman 4 ángulos rectos. Consulta la tabla de fórmulas de la página 124.

cuadrado mágico / magic square

Tabla numérica con el mismo número de filas y columnas (forman un cuadrado), donde la suma de cualquier columna, fila o diagonal es la misma. A la suma se le llama número mágico. Observa el cuadrado mágico de la derecha. Si sumas cualquier fila, columna o diagonal, el resultado es siempre 15. Su número mágico, entonces, es 15.

Qué + significa

Cuando se habla de cuadrado de un número, significa **multiplicar** un número por sí mismo. Ejemplo: ¿Cuál es el cuadrado de 5? Para obtener la respuesta debes multiplicar 5 por sí mismo, o sea, $5 \times 5 = 25$. Entonces, el cuadrado de 5 es 25.

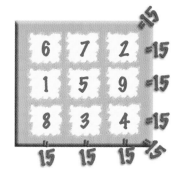

cuadrilátero / quadrilateral

Cualquier polígono que tenga
4 lados. Los ángulos que forman
los lados no siempre son rectos y
los lados no siempre son iguales.
Los cuadriláteros que tienen
ángulos rectos son: cuadrado
y rectángulo. Los cuadriláteros que
no necesariamente tienen ángulos
rectos son trapecio, rombo y
paralelogramo.

No te confundas

Un cuadrilátero puede tener varios nombres si
cumple con varias condiciones al mismo tiempo. Por
ejemplo, un cuadrado es un paralelogramo (dos
pares de lados opuestos paralelos), un rectángulo
(lados opuestos paralelos y cuatro ángulos rectos),
un rombo (lados paralelos y de la misma longitud)
y un trapecio (un par de lados paralelos).

cuarto de galón (ct) / quart (qt)

Unidad de capacidad del sistema usual. Usa esta unidad para
medir capacidades medianas como botellas y envases. Un
cuarto de galón es igual a 2 pintas. Por ejemplo, la cantidad de
aceite que necesitas para llenar el motor de un auto se mide en
cuartos de galón. Revisa la tabla de medidas en la página 125
para mayor información.

cubo / cube

Figura sólida geométrica formada por 6 cuadrados. Dibuja la
siguiente plantilla:

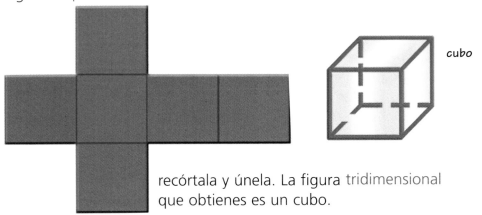

cubo

recórtala y únela. La figura tridimensional
que obtienes es un cubo.

Consulta la tabla de fórmulas de la página 124.

cubos de valor posicional / place-value blocks

Material que te sirve para entender el valor posicional de cada dígito en un número. Cada cubo tiene un valor de 1 unidad. Si agrupas los cubos en una columna de 10, representa una decena. Si agrupas los cubos en una tabla de 10 × 10 representa una centena. Si agrupas los cubos en un cubo de 10 × 10 × 10 representa un millar, etc.

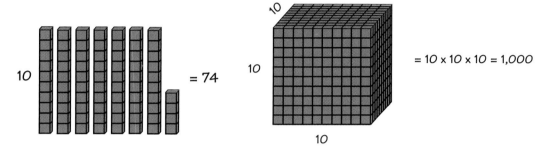

cucharada (tbsp) / tablespoon (tbsp)

Unidad de capacidad del sistema usual. Usa esta unidad para medir porciones pequeñas. Una cucharada es igual a $\frac{1}{2}$ onza líquida. Usa esta medida en, por ejemplo, experimentos de laboratorio de ciencias. Revisa la tabla de medidas en la página 125 para mayor información.

cucharadita (tsp) / teaspoon (tsp)

Unidad de capacidad del sistema usual. Usa esta unidad para medir porciones muy pequeñas. Recuerda que 3 cucharaditas equivalen a 1 cucharada. Por ejemplo, en una receta de cocina, una cucharadita es la cantidad necesaria de vainilla para hacer un pastel. Revisa la tabla de medidas en la página 125 para mayor información.

PAY DE LIMÓN

1 taza de harina
2 huevos
2 cucharaditas de vainilla
4 limones
1 barra de mantequilla

cuerda / string

Segmento de recta cuyos extremos se encuentran en la circunferencia de un círculo.

cuerpos geométricos / solid figures

Consulta figura sólida geométrica.

datos / data

Las cantidades conocidas que se dan en un problema o tabla y que te sirven para resolver el problema o sacar conclusiones. Revisa la tabla de los pesos de las ballenas de la página 4. Los números que indican los pesos de las ballenas son los datos de la tabla. Estos datos te sirven para llegar a una conclusión, como saber cuál es la ballena de mayor peso. Así, puedes decir: "Al analizar los datos llegué a la conclusión de que la ballena azul es la de mayor peso".

decágono / decagon

Cualquier polígono que tenga 10 lados y 10 ángulos. Los lados y ángulos no tienen que ser iguales.

decágono

decenas / tens

Conjunto de diez unidades. En un número entero, las decenas se encuentran en la segunda posición de derecha a izquierda. El dígito que se encuentre en esa posición lo multiplicas por 10. Revisa valor posicional.

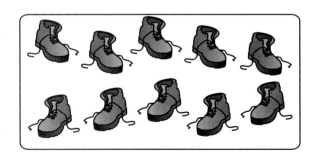

1 decena

decenas de millar / ten thousands

Conjunto de diez mil unidades. En un número entero, las decenas de millar se encuentran en la quinta posición de derecha a izquierda. El dígito que se encuentre en esa posición lo multiplicas por 10,000. Revisa valor posicional.

decenas de millón / ten millions

Conjunto de diez millones de unidades. En un número entero, las decenas de millón se encuentran en la octava posición de derecha a izquierda. El dígito que se encuentre en esa posición lo multiplicas por 10,000,000. Revisa valor posicional.

decimal / decimal

Por lo general, se refiere a los números que se encuentran al lado derecho del punto decimal e indican décimos y centésimos. También se refiere al decimal mixto.

decimal finito / terminating decimal

Cuando realizas una división y el cociente (o resultado) tiene un número limitado de dígitos, has obtenido un decimal finito. Toma tu calculadora y divide 25 ÷ 4. El resultado que aparece en la pantalla de tu calculadora es 6.25. Este número es un decimal finito ya que sus decimales son sólo el 2 y el 5. Revisa decimal periódico.

decimal mixto / mixed decimal

Número que utiliza un punto decimal. El número que está a la izquierda del punto decimal indica los enteros y el número que está a la derecha del punto decimal indica una parte de un entero dividido en décimos y centésimos. Por ejemplo, en la cifra 3.45, el número 3 indica que hay 3 enteros y el número 45 indica que hay 45 centésimos de entero.

decimal periódico / repeating decimal

Cuando realizas una división y el cociente (o resultado) tiene un número sin límite de dígitos, pero cierto patrón se repite constantemente, has obtenido un decimal periódico. Toma una calculadora y divide 26 ÷ 11. El resultado que aparece en la pantalla de tu calculadora es 2.3636363636. Este número es un decimal periódico ya que el 36 se repite indefinidamente. Lo puedes escribir como 2.36. La línea arriba del 36 indica que se repite indefinidamente. Revisa decimal finito.

decimales equivalentes / equivalent decimals

Cuando dos decimales se refieren a la misma cantidad. Ejemplo: 0.2 indica 2 décimos de un todo y 0.20 indica 20 centésimos de un todo. Como puedes observar en las figuras de la derecha, los dos decimales abarcan la misma cantidad del cuadro; por lo tanto, son decimales equivalentes.

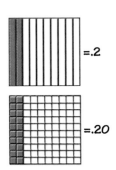

=.2

=.20

decímetro (dm) / decimeter (dm)

Unidad de longitud del sistema métrico, 10 veces menor que un metro. El prefijo *deci-* significa la décima parte de la unidad. Entonces, *deci*-metro significa la décima parte de un metro. Usa esta unidad para medir longitudes relativamente pequeñas como la altura de una computadora, la longitud de tu escritorio, etc. Revisa la tabla de medidas en la página 126 para mayor información.

décimo / tenth

La parte que resulta de dividir un todo en 10 partes iguales. Por ejemplo, si divides un pastel en 10 partes iguales obtienes 10 rebanadas Cada rebanada es un décimo del pastel. En un número decimal, los décimos ocupan la primera posición después del punto decimal. El dígito que encuentres en esa posición lo divides entre 10. Revisa valor posicional.

denominador / denominator

Número que se encuentra debajo de la barra de fracción
e indica en cuántas partes está dividida la unidad. Por
ejemplo, en $\frac{5}{7}$, el denominador es el 7 y te indica que la
unidad está dividida en 7 partes, de las cuales sólo 5,
el numerador, están sombreadas.

denominador común / common denominator

Múltiplo común de los denominadores de dos o más fracciones que es
múltiplo de todos los denominadores. Si cambias todas las fracciones a
un denominador común te será fácil realizar operaciones con ellas.
Revisa mínimo común denominador.

descendente / descending

Orden de los números de mayor
a menor. En una hoja de cálculo
de una computadora, puedes
ordenar los números de manera
descendente con el comando
Ordenar (Sort) y la
opción Descendente
(descending).
La computadora
ordenará los números
automáticamente de
mayor a menor. Si se
trata de palabras, las
ordena alfabéticamente.

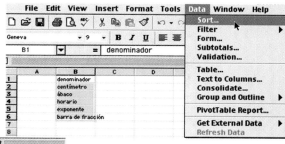

desigualdad / inequality

Enunciado numérico en el que se utilizan los símbolos "<" o ">"
para indicar que dos cantidades no son iguales. Por ejemplo,
23 < 134 indica que el número 23 es menor que el número 134,
y 2.24 > 2.14 indica que el número decimal 2.24 es mayor que el
número decimal 2.14.

diagonal / diagonal

Segmento de recta que une dos vértices en un polígono. Los vértices unidos por la diagonal no deben estar uno al lado del otro, porque entonces el segmento sería un lado del polígono. Por ejemplo, en un cuadrado hay 4 vértices, 4 lados y 2 posibles diagonales. ¿Cuántas diagonales puede haber en un hexágono? La respuesta es 9. ¿Y en un triángulo? La respuesta es: ¡Ninguna! Inténtalo.

diagrama de acumulación / line plot

Consulta diagrama de puntos.

diagrama de árbol / tree diagram

Diagrama que te sirve para mostrar todos los resultados posibles de un suceso cuando realizas un experimento de probabilidad. Cada posible resultado es una rama del árbol. Cada rama puede tener a su vez más ramas llamadas ramitas. Ejemplo: ¿Cuántos resultados puedes obtener si lanzas una moneda al aire 2 veces? Como puedes ver en el diagrama de la derecha, existen 4 resultados posibles.

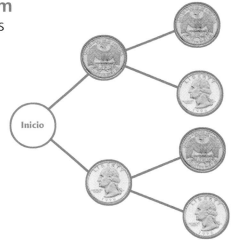

Inicio

diagrama de puntos / line plot

Gráfica en la que, sobre una recta numérica, representas cada dato de una tabla por medio de una X. El número de marcas sobre un valor te indica la frecuencia de un dato en particular.

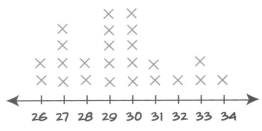

Peso de los estudiantes en kg.

diagrama de tallo y hojas / steam-and-leaf plot

Tabla que organiza los datos dependiendo de su valor posicional. Un número de dos dígitos contiene un dígito para las decenas y otro para las unidades. Las decenas de los números se colocan en los tallos, y las unidades, en las hojas. Este tipo de tabla te sirve para mostrar los datos distribuidos dependiendo del valor de las decenas.

Ratón (gr)	
Tallo	Hojas
0	969
1	95570
2	6106942
3	4893
4	343

diagrama de Venn / Venn diagram

Diagrama hecho a base de círculos u óvalos traslapados. Se utiliza para mostrar la relación que existe entre conjuntos de datos. Los elementos que se encuentran en el lugar donde coinciden dos círculos pertenecen a ambos conjuntos de datos. Los que se encuentran fuera de esa área pertenecen sólo a un conjunto de datos.

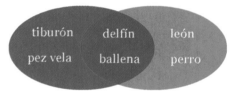

Animales

tiburón delfín león

pez vela ballena perro

acuáticos   mamíferos

diámetro / diameter

Segmento de recta que pasa por el centro de un círculo y cuyos extremos se encuentran sobre la circunferencia. El diámetro siempre mide el doble que el radio. La fórmula del diámetro es $d = 2r$.

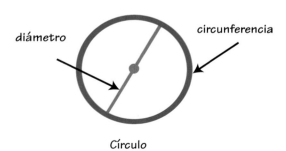

diámetro   circunferencia

Círculo

dibujo a escala / scale drawing

Dibujo que representa una figura similar a la original. Recuerda que el dibujo a escala puede ser menor o mayor que el original. La razón entre las alturas y las anchuras de los dos dibujos debe ser la misma. A la razón (que es una fracción en su mínima expresión) se le llama escala del dibujo. Observa el ejemplo de la derecha. La razón de las bases y las alturas es la misma, $\frac{1}{3}$, por lo que sí es un dibujo a escala. La escala del dibujo es 1 a 3 o sea que el dibujo mayor es 3 veces más grande que el menor.

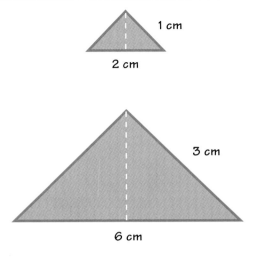

diezmilésimo / ten thousandth

La parte que resulta de dividir un todo en 10,000 partes iguales. En un número decimal, los diezmilésimos ocupan la cuarta posición después del punto decimal. El dígito que encuentres en esa posición lo divides entre 10,000. Revisa valor posicional.

diferencia / difference

El resultado de una operación de resta.

dígitos / digits

Los símbolos que utilizas para representar cualquier número. Existen 10 dígitos diferentes: 0, 1, 2, 3, 4, 5, 6, 7, 8 y 9. Por ejemplo, el número 452 se compone de tres dígitos: 4, 5 y 2.

dimensión / dimension

Medida de un objeto en una dirección. Un objeto puede ser unidimensional, bidimensional o tridimensional.

dividendo / dividend

En una división, es el número que divides en las partes que te indica el divisor. Por ejemplo, en la división 45 ÷ 3 = 15, el número 45 es el dividendo, ya que es el que se va a dividir en 3 partes iguales.

$$\begin{array}{r} 15 \\ 3\overline{)45} \\ 0 \end{array}$$ ← dividendo

divisible / divisible

Es el número que se puede dividir entre otro número dado sin que quede residuo. Por ejemplo, 64 es divisible entre 8 porque si divides 64 entre 8 el residuo es cero.

división / division

Operación que te sirve para saber cuántos grupos puedes formar o cuántos elementos hay en cada grupo. La división es lo contrario de la multiplicación. Revisa el ejemplo que sigue para que relaciones la división con la multiplicación.

Ejemplo:

Si tienes 4 cajas de galletas con 8 galletas en cada caja, ¿cuántas galletas tienes en total? Lo que tienes que hacer es multiplicar las 4 cajas por las 8 galletas que hay en cada caja.

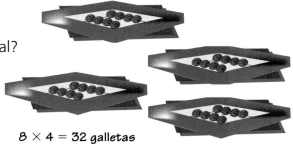

8 × 4 = 32 galletas

8 × 4 = 32

El resultado es 32 galletas en total.

¿Qué pasa si planteas el problema de atrás para adelante? Existen 2 problemas diferentes de división para un problema de multiplicación. Veamos:

1. Si tienes 32 galletas y quieres llenar cajas de 8 galletas cada una, ¿cuántas cajas necesitas? Lo que tienes que hacer es dividir 32 galletas entre la cantidad de galletas que le caben a cada caja: 32 ÷ 8 = 4. Necesitas 4 cajas para todas las galletas.

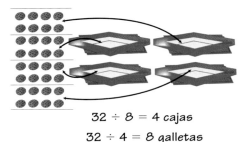

32 ÷ 8 = 4 cajas

32 ÷ 4 = 8 galletas

2. Si tienes 32 galletas y tienes 4 cajas, ¿cuántas galletas debes poner en cada caja? Sigue siendo un problema de división. Divide las 32 galletas entre el número de cajas que tienes para que puedas saber cuántas galletas necesitas poner en cada caja. 32 ÷ 4 = 8.

división abreviada / short division

Procedimiento que puedes usar para hacer una división de manera más rápida. Este procedimiento consiste en hacer algunos pasos de manera mental. Separas la división en pequeñas divisiones para resolverlas de manera individual. El residuo de cada pequeña división lo "heredas" a la siguiente división.

Ejemplo:

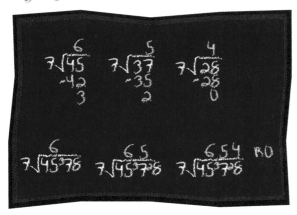

divisor / divisor

En una división, es el número que te indica las partes en que será dividido el dividendo. Por ejemplo, en la división 50 ÷ 5 = 10, el número 5 es el divisor ya que es el que te indica en cuántas partes debe dividirse el número 50.

divisor ⟶
$$5\overline{)50}$$
10
00
0

ecuación / equation

Oración numérica que incluye un signo de igualdad. Este signo indica que lo que está a la izquierda es igual a lo que está a la derecha. Cada lado puede o no contener variables. Por ejemplo,

$3 + 8 = 2 + 9$

Indica que la suma de 3 y 8 es igual a la suma de 2 y 9.

$3 + 8 = 11$
$2 + 9 = 11$
$11 = 11$

Por lo tanto, $3 + 8 = 2 + 9$ sí es una ecuación.

eje de simetría / line of symmetry

Recta con la que divides una figura en dos partes iguales. Las dos figuras resultantes deben ser congruentes. Una figura puede tener más de un eje de simetría o no tener ninguno.

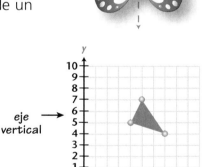

eje de simetría

eje horizontal / horizontal axis

Recta numérica horizontal que aparece en las gráficas de coordenadas y las gráficas lineales. Te sirve para indicar la posición horizontal (a la izquierda o derecha) de un punto en la gráfica. El primer valor del par ordenado del punto es el que te indica la posición en el eje horizontal. También se le llama abscisa o eje X.

eje vertical

eje horizontal

eje vertical / vertical axis

Recta numérica vertical que aparece en las gráficas de coordenadas y las gráficas lineales. Te sirve para indicar la posición vertical (arriba o abajo) de un punto en la gráfica. El segundo valor del par ordenado del punto es el que te indica la posición en el eje vertical. También se le llama ordenada o eje Y.

ejes / axis
Rectas numéricas que aparecen en las gráficas de coordenadas y las gráficas lineales. La recta horizontal es el eje horizontal o eje X y la recta vertical es el eje vertical o eje Y.

elementos correspondientes / corresponding parts
Cualquier par de lados o ángulos en la misma posición relativa de dos figuras similares o figuras congruentes. El tamaño de los lados puede variar en las figuras similares pero no así en las figuras congruentes. Los ángulos son iguales tanto en las figuras similares como en las figuras congruentes. Recuerda que la posición de una de las figuras puede variar con respecto a la otra debido a que se puede girar, trasladar o invertir. Consulta lados correspondientes y ángulos correspondientes.

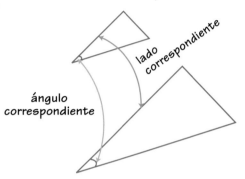

Elementos correspondientes

encuesta / survey
Manera de reunir datos al hacer preguntas, por lo general escritas, a un grupo de personas. Las encuestas te sirven para tomar decisiones sobre un tema en particular. Por ejemplo, imagina que quieres hacer un logotipo para el equipo de baloncesto de tu escuela y no sabes qué color le gustaría a los demás estudiantes. Puedes hacer una encuesta para averiguar de qué color les gustaría que fuera el logotipo.

Encuesta

equidad / fairness
En probabilidad, indica si el experimento es un juego justo o juego injusto. Por ejemplo, imagina que tiras una moneda al aire y ganas si sale cara. La equidad del suceso es justa ya que tienes la misma probabilidad de ganar que perder.

escala / scale

Los números que aparecen en una gráfica y que representan las unidades.

escala de Richter / Richter scale

Escala que sirve para medir la intensidad de los movimientos de la tierra o sismos. Esta escala aumenta en un factor de 10, es decir, que multiplicas la intensidad por 10 entre un número y otro. Un terremoto con un valor de 5.0 es 10 veces más fuerte que uno de 4.0. Cualquier movimiento menor que 2.0 en la escala de Richter es imperceptible para las personas y se llama micro sismo. Los sismos alrededor de 6.0 son moderados y arriba de 6.0 se consideran terremotos. El aparato que sirve para medir la intensidad de los sismos se llama sismógrafo.

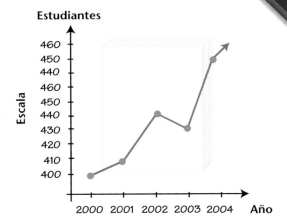

Número de estudiantes en la escuela

El terremoto de mayor intensidad detectado en Estados Unidos ocurrió en Prince William Sound, Alaska, el 28 de marzo de 1964 a las 03:36:14 y tuvo una intensidad de 9.2 en la escala de Richter. ¡Un terremoto de esta magnitud equivale a detonar al mismo tiempo alrededor de ocho millones de toneladas de dinamita!

esfera / sphere

Figura sólida geométrica parecida a una pelota. No cualquier pelota es una esfera. La condición para que sea una esfera es que desde cualquier punto hacia el centro de la esfera la distancia sea exactamente la misma. A esa distancia se le llama radio de la esfera. Consulta la tabla de fórmulas de la página 124.

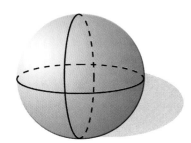

estadísticas / statistics

Registro que llevas de las veces que ocurre algún suceso. Por ejemplo, imagina que quieres saber cuántas hamburguesas, tacos y pizzas se consumen diariamente en la cafetería de tu escuela. Cada día te presentas en la cafetería y anotas en una libreta la cantidad que se consume de cada uno de esos alimentos. Al cabo de varios días tendrás las *estadísticas* del consumo de alimentos en tu cafetería.

	hamburguesas	pizza	tacos
lunes	3	5	2
martes	5	3	7
miércoles	6	4	8
jueves	9	8	
viernes	7	1	5

estimación por los primeros dígitos / front-end estimation

Hacer un cálculo aproximado de una suma utilizando los primeros dígitos de cada sumando.

Ejemplo: Suma 4,230 + 4,464 + 5,345

Usando la estimación por los primeros dígitos:

4,230	4,000
4464	4,000
5345	+ 5,000
	13,000

Redondea los sumandos al dígito que se encuentre más a la izquierda y suma las cantidades redondeadas.

Si requieres más exactitud:

230	200
464	500
345	+ 300
	1,000

Ajusta tu estimación al redondear el resto de cada cantidad.

13,000 + 1,000 = 14,000.

estimación por la izquierda / front-end estimation

Consulta estimación por los primeros dígitos.

estimar / estimate

Hacer un cálculo aproximado de una operación aritmética.
Cuando no necesitas el resultado exacto de una operación de suma,
resta, multiplicación o división, puedes hacer una estimación.
Este cálculo aproximado te da una idea del resultado de manera
rápida. Hay diferentes tipos de estimación:

Por los primeros dígitos	Ángulos
Cocientes	Números mixtos
Con divisores de 2 dígitos	Perímetros
Decimales	Porcentajes
Diferencias	Redondeo
Fracciones	Sumas
Longitudes	En zigzag

estrategias / strategies

Ve a la página 36.

evaluar / evaluate

Hallar el valor numérico de una expresión algebraica o fórmula. Para
evaluar una expresión debes sustituir la variable por el número que
quieras y efectuar las operaciones que te indique la expresión.

experimento / experiment

Una prueba o ensayo que te permite ver el desarrollo
de un suceso y obtener o comprobar un resultado.

exponente / exponent

Número que indica cuántas veces se tiene que
multiplicar la base por sí misma. Si en una
expresión encuentras, por ejemplo, 3^4,
quiere decir que tienes que
multiplicar 4 veces el 3, o sea
$3 \times 3 \times 3 \times 3 = 81$. El 3 es la base
y el 4 es el exponente.

estrategias / strategies

La manera en que resuelves un problema de matemáticas.
Existen varias estrategias para resolver problemas de matemáticas,
entre ellas:

Empieza por el final

Estrategia en donde utilizas un dibujo para entender mejor un
problema. Imagina que participas en una carrera. Hay 6 carriles y
5 filas de competidores. Tú estás en la fila 4. ¿Cuántos
competidores salen antes que tú? Utiliza un dibujo para visualizar
mejor el problema:

$$3 \times 6 = 18$$

Salieron 18 competidores antes que tú.

Usa el razonamiento lógico

Estrategia en la que puedes encontrar una solución a un
problema sin utilizar operaciones matemáticas. Consulta lógica.

Busca un patrón

Usa esta estrategia cuando necesites averiguar los siguientes
elementos a partir de algunos elementos iniciales. Debes de visualizar
la repetición de los primeros elementos para decidir cuáles siguen.

Si observas con detenimiento el patrón de frutas anterior te puedes
dar cuenta que se repite manzana, piña, naranja. Como el último
elemento es una piña, ¿cuál es la siguiente fruta? La naranja. Después
continúa con manzana, piña, naranja, etc.

Prueba y comprueba

Estrategia donde hallas una respuesta de manera mental y la
compruebas para saber si es correcta. Ejemplo: La suma de las edades
de Iván y Alan es de 18 años. Iván es 4 años menor que Alan. ¿Qué
edad tiene cada niño?

Prueba: $10 + 8 = 18$ pero $10 - 8 = 2$.

Prueba: $11 + 7 = 18$ y $11 - 7 = 4$.

¡Queda comprobado!

Iván tiene 7 años y Alan tiene 11.

Organiza la información en una lista

Estrategia en donde haces una lista para conocer los resultados posibles. Ejemplo: Jorge, Andrés y Luis van al cine a ver una película y se quieren sentar juntos. ¿De cuántas maneras diferentes se pueden acomodar?

Haz una lista con las opciones posibles:

CINE

1. Jorge, Andrés, Luis
2. Jorge, Luis, Andrés
3. Andrés, Jorge, Luis
4. Andrés, Luis, Jorge
5. Luis, Jorge, Andrés
6. Luis, Andrés, Jorge

Se pueden sentar de 6 maneras diferentes.

Simplifica el problema

Estrategia en la que resuelves un problema mas sencillo y a partir de esa respuesta resuelves el problema original. Usa esta estrategia, por ejemplo, cuando el problema original maneja cantidades muy grandes o demasiados elementos. Entonces resuelve un problema con menos elementos o con cantidades más pequeñas.

Haz una tabla

Estrategia en donde usas una tabla para encontrar la solución a un problema. Imagina que quieres hacer una fiesta y el lunes invitas a 1 amigo. El martes cada uno invita a 1 amigo más y así sucesivamente. ¿Cuantos invitados habrá para el viernes?

Haz una tabla con lo que sabes.

Día		Personas
Lunes	1 + 1	2
Martes	2 + 2	4
Miércoles	4 + 4	8
Jueves	8 + 8	16
Viernes	16 + 16	32
Sábado	32 + 32	64

El viernes habrá 32 invitados a la fiesta.

Empieza por el final

Estrategia en donde comienzas por el final para resolver el problema. Imagina que tu salón está juntando para ir a un paseo escolar. Llevan ahorrados 40 dólares que es el doble de lo que les falta por reunir. ¿Cuanto cuesta el paseo escolar?

Empieza por calcular cuánto les falta por reunir: $40 \div 2 = 20$.

Ahora suma la cantidad que ya tienen ahorrada y la que les falta por reunir:

$$40 + 20 = 60$$

El paseo escolar cuesta 60 dólares.

expresión / expression

Oración numérica compuesta de números, operaciones aritméticas y variables. No es necesario que una expresión contenga variables. $(3^2 + 24) - x$ es un ejemplo de una expresión. Esta expresión está compuesta de dos números (3^2 y 24), dos operaciones (+ y −) y una variable (x). También $24 + 2.35$ es una expresión, aunque no tenga ninguna variable.

expresión algebraica / algebraic expression

Expresión que incluye por lo menos una variable. $2x + y - 34$ es una expresión algebraica ya que contiene dos variables, x y y. En cambio, $24 - 23 + 4.56$ no es una expresión algebraica, ya que no contiene variables.

expresión mínima / simplest form

Consulta mínima expresión.

expresión numérica / numerical expression

Expresión que no contiene variables.

$$2^4 - 23 + 4.56$$ es una expresión numérica ya que no contiene variables.

$$2x + y - 34$$ no es una expresión numérica ya que contiene variables, x y y.

exterior (de un ángulo) / exterior (of an angle)

Cualquier punto fuera del interior o de los lados que forman el ángulo.

extremo / end point

Los puntos donde comienza y termina un segmento de recta o una figura abierta. El punto donde comienza un rayo. Recuerda que, en cualquier figura, la flecha significa que no termina la recta en esa dirección, o sea que no tiene un extremo.

extremos

factor / factor

Los números que utilizas en una multiplicación para hallar un producto.

factor común / common factor

Factor (en división) que es común a dos o más números. Imagina que tienes 12 peces dorados y 15 peces negros, y quieres colocarlos en peceras con la misma cantidad de peces de cada tipo en cada una.

Factores de 12: 1, 2, 3, 4, 6 y 12.
Factores de 15: 1, 3, 5 y 15.
Factores comunes: 1 y 3.

$12 \div 3 = 4$ y $15 \div 3 = 5$.

Puedes tener 3 peceras con 4 peces dorados y 5 peces negros en cada una.

Qué + significa

Factor. En división, número por el que puedes **dividir** otro sin que quede **residuo**. Es igual al **divisor** pero sólo en el caso en el que no hay residuo al efectuar la **división**. Por ejemplo, 3 es factor de 6, ya que al dividir 6 entre 3 obtienes 2, sin residuo alguno.

factores primos / prime factors

Números primos que son factores de un número. Recuerda que no todos los factores de un número son primos. Por ejemplo, puedes expresar el número 20 como la multiplicación de factores: $20 = 2 \times 2 \times 5$. Ya que 2 y 5 son números primos, entonces son factores primos de 20.

factorización prima / prime factorization

Expresar un número compuesto como la multiplicación de sus factores primos. Utiliza el árbol de factores para hallar los factores primos de un número. Por ejemplo: los factores primos de 20 son: 2, 5 y 2. Entonces la factorización prima de 20 es: $20 = 2 \times 2 \times 5$.

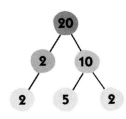

familia de operaciones / fact family

Operaciones que están relacionadas entre sí. La suma está relacionada con la resta y la multiplicación está relacionada con la división.

$$3 \times 2 = 6 \quad 2 \times 3 = 6$$

$$6 \div 3 = 2 \quad 6 \div 2 = 3$$

figura / figure

Conjunto de puntos adyacentes que forman un objeto, ya sea unidimensional, bidimensional o tridimensional.

figura abierta / open figure

Figura plana que no inicia y termina en el mismo lugar. Sus extremos no coinciden en el mismo lugar. No es posible calcular el área de este tipo de figuras debido a que no están cerradas. Un segmento de recta es un ejemplo de figura abierta.

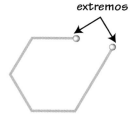

extremos

Figura abierta

figura cerrada / closed figure

Figura plana que inicia y termina en el mismo lugar. Sus extremos coinciden en el mismo lugar. Debido a que es una figura cerrada, puedes calcular su área y su perímetro. Ejemplos de figuras cerradas son: triángulo, cuadrado, pentágono, hexágono, octágono, círculo, etc.

figura plana / plane figure

Figura que se encuentra sobre una superficie plana. Tiene anchura y altura pero no tiene profundidad. Por ejemplo, un cuadrado tiene anchura y altura pero no tiene profundidad, es una figura plana. Si tuviera profundidad, entonces se convertiría en un cubo. Un cubo NO es una figura plana.

figura sólida geométrica / geometric solid

Figura tridimensional que tiene longitud, anchura, altura y volumen. Algunos ejemplos de figuras sólidas geométricas son: cubo, cilindro, pirámide, cono, esfera, prisma rectangular, etc.

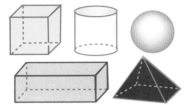

figuras congruentes / congruent figures

Figuras que tienen el mismo tamaño y la misma forma pero no necesariamente están en la misma posición. Si inviertes, giras o trasladas una de las figuras y coincide con la otra, quiere decir que son figuras congruentes. Puedes aplicar más de un movimiento para hacer coincidir las figuras. Observa el ejemplo de la derecha. La figura B se gira para ponerla en posición. Posteriormente se traslada para que coincida exactamente con la figura A. Entonces, puedes deducir que la figura A y la B son congruentes.

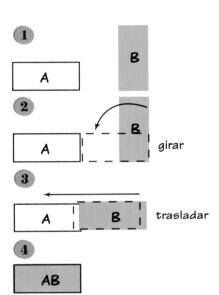

figuras semejantes / similar figures

Consulta figuras similares.

figuras similares / similar figures

Figuras que tienen la misma forma pero no necesariamente tienen el mismo tamaño ni están en la misma posición. Puedes invertir, girar o trasladar una de las figuras para compararlas más fácilmente. Si agrandas o reduces una figura, estás haciendo una figura similar a la original.

forma desarrollada / expanded form

Manera de escribir un número como la suma de los valores posicionales de cada dígito que lo compone. Cuando hay ceros en el número original, éstos no se representan.

Ejemplo: 30,000 + 4,000 + 500 + 7

este número equivale en forma usual al 34,507.

Como puedes observar, el valor posicional de las decenas es cero y no se representa en la suma. Revisa también forma verbal.

forma normal / standard form

Consulta forma usual.

forma usual / standard form

La manera común como escribes los números, es decir, escribiendo sólo los dígitos en el lugar que les corresponde según su valor posicional.

Ejemplo: **38,047**

El dígito **3** indica un valor de 30,000, porque se encuentra en el lugar de las decenas de millar.

El dígito **8** indica un valor de 8,000, porque se encuentra en el lugar de los millares.

El dígito **0** indica un valor de 0, así que no hay centenas.

El dígito **4** indica un valor de 40, porque se encuentra en el lugar de las decenas.

El dígito **7** indica un valor de 7, porque se encuentra en el lugar de las unidades.

Revisa también forma verbal.

forma verbal / word name

Manera de representar una cantidad numérica con palabras.

Ejemplo: Sesenta y ocho mil cuatrocientos cuarenta y tres.

Esta frase equivale a 68,443.

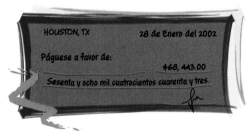

Esta forma se usa cuando llenas un cheque. Sirve para comprobar que la que cantidad que pusiste en el cheque, que está en la forma usual, sea igual a la forma verbal y así evitar errores. Revisa también forma desarrollada.

fórmula / formula

En geometría, expresión algebraica que indica la manera de calcular cierta magnitud de una figura. Esa magnitud puede ser un perímetro, un área, un volumen, un ángulo, etc. En la tabla de fórmulas de la página 124 encontrarás algunas fórmulas de uso común. Si tienes dudas de cómo usar las fórmulas, consulta variable.

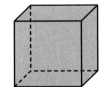

Fórmula del volumen del cubo

$v = \ell^3$

fracción / fraction

Manera de representar una parte de un todo. Por ejemplo, si quieres decir que te tocaron 3 rebanadas de una pizza cortada en 8 partes iguales, ¿cómo lo harías? Debes decir: me tocaron 3 de 8 partes, o sea $\frac{3}{8}$ de pizza.

fracción de un conjunto / fraction of a set

La forma de representar una parte de un conjunto de elementos. Por ejemplo, imagina que tu profesor te dice que formes un equipo para hacer el proyecto de ciencias con "las $\frac{2}{5}$ partes de los 30 alumnos" de tu salón de clases. ¿Cuántos alumnos estarán en tu equipo? Primero debes hallar la quinta parte de los 30 alumnos. Divide 30 ÷ 5 = 6. Ahora multiplica el numerador por 6. 2 × 6 = 12. Tu equipo de ciencias estará formado por 12 alumnos.

fracción impropia / improper fraction

Fracción en la que el numerador es mayor o igual que el denominador. Lo que te indica es que tienes más de un todo. Por ejemplo, imagina que en una fiesta sobraron 12 rebanadas de pizza. Cada pizza se cortó en 8 partes iguales. ¿Cuánta pizza sobró? La respuesta es $\frac{12}{8}$ de pizza, pero, ¿qué significa esa fracción? Es una fracción impropia, es decir, que la fracción representa más de una pizza completa. Si a 12 le quitas 8, que es una pizza completa, te quedan 4 rebanadas. Te sobró una pizza completa y 4 rebanadas, es decir, $1\frac{4}{8}$ de pizza. A esta manera de representar las cantidades se le llama número mixto.

fracción integrante / unit fraction

Consulta fracción unitaria.

fracción irreducible / simplest form

Fracción que se encuentra en su mínima expresión.

fracción unitaria / unit fraction

Fracción que tiene únicamente como numerador el número 1. Ejemplos de fracciones unitarias son: $\frac{1}{2}$, $\frac{1}{3}$ y $\frac{1}{4}$. Si divides un pastel en 10 rebanadas, la fracción unitaria es una rebanada del pastel o $\frac{1}{10}$ del pastel.

fracciones egipcias / egyptian fractions

Manera de representar fracciones como la suma de fracciones unitarias. En el año 3000 a.C., los egipcios ya manejaban las fracciones pero, por facilidad, sólo utilizaban fracciones unitarias ($\frac{1}{2}$, $\frac{1}{3}$, $\frac{1}{4}$, $\frac{1}{5}$, $\frac{1}{6}$, etc.). No representaban $\frac{3}{4}$ de la manera que lo hacemos nosotros, sino que la representaban como la suma de dos fracciones unitarias: $\frac{3}{4} = \frac{1}{2} + \frac{1}{4}$.

Las fracciones egipcias tienen dos ventajas básicas:
1) En ciertos casos son muy prácticas de usar.
2) Es más fácil comparar fracciones egipcias que fracciones actuales.

fracciones equivalentes / equivalent fractions

Dos o más fracciones que representan la misma cantidad pero están escritas de diferente manera. Por ejemplo:

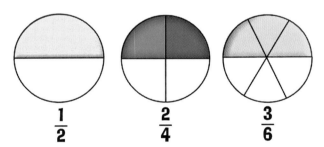

1/2   **2/4**   **3/6**

Las 3 fracciones representan la mitad del círculo. Son fracciones equivalentes.

fracciones semejantes / like fractions

Fracciones que tienen el mismo denominador. Para sumar o restar dos fracciones, éstas deben ser fracciones semejantes.

$\frac{2}{6}$, $\frac{3}{6}$ y $\frac{12}{6}$ son fracciones semejantes.

$\frac{2}{4}$ y $\frac{3}{5}$ NO son fracciones semejantes.

fracciones no semejantes / unlike fractions

Fracciones que NO tienen el mismo denominador. NO puedes sumar ni restar fracciones no semejantes. Primero debes convertirlas en fracciones semejantes con ayuda del denominador común. Ejemplo: Suma $\frac{2}{5} + \frac{2}{3}$.

Múltiplos de 5: 5, 10, (15) 20, 25,…
Múltiplos de 3: 3, 6, 9, 12, (15) 18, 21,…
El mínimo múltiplo común es: 15.
Convierte las fracciones: $\frac{2}{5} = \frac{6}{15}$; $\frac{2}{3} = \frac{10}{15}$; $\frac{6}{15} + \frac{10}{15} = \frac{16}{15} = 1\frac{1}{15}$.

frecuencia / often

Las veces que aparece un dato en una tabla o archivo de datos.

frecuencia acumulada / cumulative frequency

En una tabla de frecuencias, la columna que muestra la suma de lo que ha ocurrido hasta un momento dado. Observa la tabla de la derecha. La columna Ventas muestra las ventas de hamburguesas en la cafetería en cada día de la semana. La columna Total muestra la frecuencia acumulada hasta ese día. Por ejemplo, el miércoles, la columna Total indica la suma de las ventas de lunes, martes y miércoles.

CAFETERIA
Hamburguesas

Día	Ventas	Total
Lunes	12	12
Martes	8	20
Miércoles	4	24
Jueves	10	34
Viernes	6	40

función / function

Relación que existe entre dos conjuntos de datos. Si al conjunto de datos 1 se le aplica una operación (o función), genera el grupo de datos 2. Observa los conjuntos de datos de la derecha. La función que se le aplica al conjunto 1 es "multiplicar por 2" y el resultado es el conjunto 2.

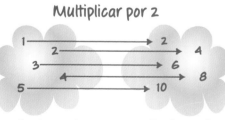

Multiplicar por 2

1	2
2	4
3	6
4	8
5	10

Conjunto 1   Conjunto 2

galón (gal) / gallon (gal)

Unidad de capacidad del sistema usual. Usa esta unidad para medir capacidades grandes como toneles de agua, pipas de gasolina, etc. Un galón es igual a 4 cuartos de galón. Por ejemplo, a una pipa de gasolina le caben alrededor de 10,000 galones de gasolina. Revisa la tabla de medidas en la página 125 para mayor información.

gama / range

Consulta rango.

geometría / geometry

Parte de las matemáticas que te ayuda a entender las propiedades de las figuras. Consulta los diferentes tipos de figuras, polígonos, ángulos y dimensiones para que amplíes tu conocimiento.

geoplano / geoboard

Tablero con tachuelas o clavijas ordenadas en forma de cuadrícula que sirve para formar figuras geométricas. Puedes hacer tu propio geoplano. Toma una cartulina cuadrada gruesa de 1 pie de largo y pégala a un cuadrado de espuma de poliuretano de las mismas dimensiones (1). Con un lápiz y una regla, dibuja una cuadrícula sobre la cartulina con las líneas separadas 2 pulgadas (2). En cada intersección, coloca una tachuela (3). Con ligas y tu geoplano puedes formar figuras geométricas (4).

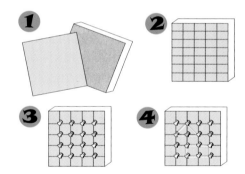

grado (°) / degree (°)

Unidad que usas para medir ángulos. Usa tu transportador para saber la medida en grados de un ángulo. Si te fijas, un transportador (que es un semicírculo) tiene 180 grados; entonces, un círculo completo tiene 360 grados.

¿Sabías que..?

Fue en Babilonia alrededor del año 605 a.C. donde decidieron dividir el **círculo** en 360 grados.

grados Celsius (°C) / degrees Celsius (°C)

Unidad del sistema métrico que sirve para medir la temperatura. Usa esta unidad para expresar la temperatura de tu cuerpo o la temperatura a la que hierve el agua. Revisa la tabla de medidas en la página 126 para mayor información.

Grados Celsius

grados Fahrenheit (°F) / degrees Fahrenheit (°F)

Unidad del sistema usual que sirve para medir la temperatura. Usa esta unidad para expresar la temperatura de tu cuerpo o la temperatura a la que hierve el agua. Revisa la tabla de medidas en la página 125 para mayor información.

gráfica / graph

Manera de presentar información o datos por medio de un dibujo. Existen muchos tipos de gráficas y, dependiendo de cómo quieras presentar la información, debes elegir la que más te convenga. Ejemplos de gráficas son: gráfica circular o de pastel, gráfica de barras, gráfica de coordenadas, gráfica de doble barra, gráfica lineal o de línea quebrada.

gráfica circular / circle graph

Gráfica en forma de círculo que muestra todos los datos divididos en partes que forman un todo. Usa este tipo de gráfica cuando quieras representar un total dividido en partes. Cuando quieras mostrar, por ejemplo, cómo utilizas tu tiempo cada día o cómo votaron los estudiantes de tu escuela por los candidatos a presidente escolar, debes utilizar este tipo de gráfica.

Horas dedicadas cada día

□ Dormir   □ Comer   □ Jugar
□ Escuela   □ Hacer tarea

gráfica de barras / bar graph

Gráfica en la que los datos se representan por medio de barras. La altura de la barra representa el dato de que se trata. Este tipo de gráfica lo debes usar cuando quieras comparar diferentes tipos de datos para saber cuál es el mayor o cuál el menor. Si quieres mostrar cuál es la comida predilecta de los alumnos de tu salón o cuál es la que menos les gusta, o si quieres hacer una comparación de la velocidad de ciertos animales acuáticos, puedes usar este tipo de gráfica.

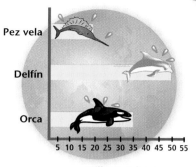

gráfica de coordenadas / coordinate graph

Gráfica que sirve para localizar puntos dentro de una cuadrícula. Esta gráfica se compone de un eje horizontal y un eje vertical. Cada punto en la gráfica tiene un par ordenado que indica la posición horizontal y vertical del punto en la gráfica. Usa este tipo de gráfica cuando quieras ubicar puntos dentro de un mapa y saber la distancia entre uno y otro.

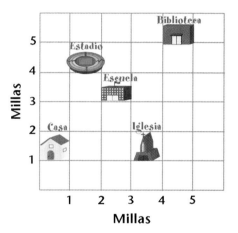

gráfica de doble barra / double-bar graph

Gráfica que muestra barras dobles. Cada barra de una barra doble muestra el mismo dato en diferente tiempo. Así puedes comparar el cambio de un mismo dato y entre diferentes datos en una sola gráfica.

gráfica de línea quebrada / line graph

Consulta gráfica lineal.

gráfica de pastel / pie chart

Consulta gráfica circular.

gráfica lineal / line graph

Gráfica de puntos donde cada punto se conecta y te muestra un cambio a través del tiempo. Esta gráfica se compone de un eje horizontal y un eje vertical. Cada punto en la gráfica tiene un par ordenado que te indica la posición horizontal y vertical del punto en la gráfica. Usa este tipo de gráfica para mostrar el avance de un experimento o un cambio con el tiempo, como el crecimiento de una planta en un experimento.

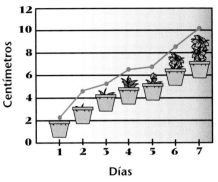

Crecimiento de la planta

gramo (g) / gram (g)

Unidad básica del sistema métrico que sirve para medir la masa. Usa esta unidad para expresar el peso de objetos pequeños como lápices, gomas, dulces, etc. Revisa la tabla de medidas en la página 126 para mayor información.

grupo / cluster

En un diagrama de puntos, el conjunto de marcas que se encuentran en un valor en particular. Cada valor forma un grupo.

guía para resolver problemas / problem solving guide

Procedimiento que usas para resolver un problema. Este procedimiento consiste en cuatro pasos: comprende, planea, resuelve y revisa.

Comprende: Antes de resolver un problema debes entenderlo en su totalidad. Debes identificar los datos que son importantes y los que no lo son. Debes entender qué es lo que se te está pidiendo.

Planea: Define una estrategia para resolver el problema. Recuerda que existen varias maneras de resolver un problema. Selecciona la que consideres es más fácil de llevar a cabo.

Resuelve: Utiliza la estrategia y los datos para encontrar la solución al problema.

Revisa: Cuando hayas llegado a una respuesta, confirma que ésta tenga sentido.

Ejemplo:

En una escuela, hay 240 niños y 224 niñas. De los niños, $\frac{1}{3}$ juega fútbol americano, $\frac{1}{6}$ juega baloncesto y $\frac{1}{2}$ juega fútbol soccer. ¿Cuántos niños juegan cada deporte? Haz una gráfica con tus resultados.

Comprende: Necesito calcular la cantidad de niños en cada deporte. El dato de las niñas no lo necesito porque no me piden nada sobre ellas. Debo seleccionar un tipo de gráfica adecuado.

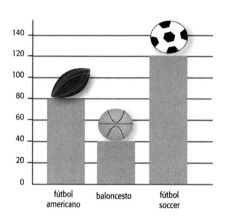

Planea: Debo multiplicar cada fracción por la cantidad total de niños. La gráfica de barras es una buena opción para mostrar la cantidad de niños en cada deporte y la diferencia entre los deportes.

Resuelve:

$$\frac{1}{3} \times 240 = 80$$

$$\frac{1}{6} \times 240 = 40$$

$$\frac{1}{2} \times 240 = 120$$

Revisa: Debo confirmar que mi respuesta sea razonable.

$$80 + 40 + 120 = 240 \text{ niños.}$$

La respuesta sí es razonable.

hacer girar / turn

Rotar una figura plana. Esto sirve para mover una figura de tal manera que sea más fácil compararla con otra figura y así confirmar si las dos figuras son similares o congruentes.

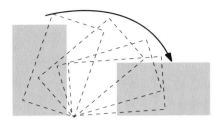

hallar el valor numérico / evaluate

Sustituir la variable por el valor que necesitas en una expresión algebraica o en una fórmula. Imagina que necesitas calcular el área de un rectángulo que mide 2 cm de base por 4 cm de altura. La fórmula del área de un rectángulo es $A = b \times h$. Sustituye las variables (b y h) por los valores. $A = 2$ cm $\times 4$ cm $= 8$ centímetros cuadrados. Hallaste el valor numérico del área de un rectángulo dado. Revisa evaluar.

hacer un dibujo / draw a picture

Ve a la página 36.

hacer una tabla / make a table

Ve a la página 39.

hectárea / hectare

Unidad de área del sistema métrico que sirve para medir terrenos o áreas de tierra extensas. *Hecto* es un prefijo que significa 100. Una hectárea equivale al área de un cuadrado de 100 metros por 100 metros ó 10,000 metros cuadrados. Ejemplo: "En una excursión de la escuela fuimos a un parque que medía 1 hectárea".

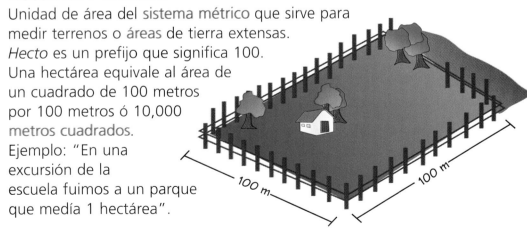

100 m
100 m

heptágono / heptagon

Cualquier polígono que tenga 7 lados y 7 ángulos. Los lados
y ángulos no tienen que ser iguales.

hexágono / hexagon

Cualquier polígono que tenga 6 lados y
6 ángulos. Los lados y ángulos no tienen
que ser iguales.

histograma / histogram

Gráfica de barras que sirve para mostrar la cantidad de veces que
se dan valores en cada rango. Es similar a la gráfica de barras, con
la diferencia de que, en el histograma, cada barra muestra un
rango en lugar de un solo dato. Imagina que quieres hacer una
competencia de natación por edades.
La categoría 1 será de 8 a 10 años,
la categoría 2 será de 11 a 13 años
y la categoría 3 será de 14 años en
adelante. La gráfica de la derecha
muestra la distribución de los
competidores por edades. Con esta
gráfica puedes hacer tu rol de
competencia ya que sabes cuántos
niños entran en cada categoría.

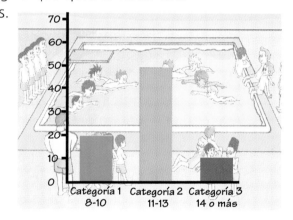

hoja / leaf

En un diagrama de tallo y hojas, la parte de la tabla que
muestra las unidades de las cantidades. Las decenas las
muestra el tallo.

hora (h) / hour (h)

Unidad de medida del tiempo. Una hora
equivale a 60 minutos y 1 día tiene 24 horas.
Utiliza esta medida cuando hables de
porciones de tiempo menores que un día.

hora estándar / standard time

Manera de calcular la hora local en cualquier parte del mundo. Se toma como base la hora en el meridiano de Greenwich. Si el lugar está al oeste de ese meridiano, debes restar cierta cantidad de horas. Si el lugar está al este, debes sumar cierta cantidad de horas. Los husos horarios te indican cuánto le debes sumar o restar a la hora base.

horario / schedule

Lista en la que apuntas las cosas que tienes que hacer en un día determinado. El horario se divide por horas y medias horas para organizarte mejor.

HORARIO	
7-8 a.m	Levantarme
8-9 a.m	Ciencias
11-12 a.m	Estudios Sociales
12-1 p.m	Recreo
1 - 2 p.m	Laboratorio

horizontal / horizontal

En una gráfica de coordenadas, un movimiento horizontal implica moverse de izquierda a derecha o viceversa un número determinado de casillas. Revisa eje horizontal y par ordenado.

husos horarios / time zones

Manera de dividir la Tierra en 24 partes de norte a sur para calcular la hora estándar. Cada parte o huso horario equivale a una hora. Para calcular la hora estándar local, cuenta cuántos husos horarios hay desde el meridiano de Greenwich hasta el lugar. Así sabrás cuántas horas debes sumar (hacia el este) o restar (hacia el oeste).

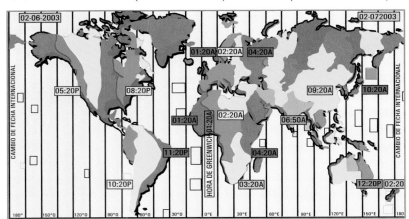

igualdad / equality

Consulta ecuación.

igualmente probable / equally likely

Cuando la probabilidad de que ocurran dos sucesos es exactamente la misma, los sucesos son igualmente probables. Por ejemplo, lanzar una moneda al aire y que caiga cara o que caiga cruz. Tienes la misma oportunidad de que caiga cara como de que no caiga cara. Probabilidad (cara) $= \frac{1}{2}$ y probabilidad (no cara) $= \frac{1}{2}$.

imposible / impossible

Un suceso es imposible cuando la probabilidad de que ocurra es cero. No tienes ninguna oportunidad de que ocurra el suceso. Imagina que tienes una ruleta dividida en cuatro partes de color distinto: rojo, verde, azul y amarillo. ¿Cuál es la probabilidad de que, si giras la ruleta, caiga en negro? La probabilidad es cero ya que no existe el color negro en la ruleta. El suceso es imposible. Probabilidad (que caiga en negro) = 0.

interior (de un ángulo) / interior (of an angle)

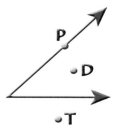

Cualquier punto en los rayos que forman el ángulo o en el espacio comprendido entre ellos. En la ilustración de la derecha, los puntos P y D se encuentran en el interior del ángulo, pero el punto T no.

Internet / Internet

Red mundial de información que conecta entre sí millones de computadoras y con la que puedes enviar y recibir información, noticias, imágenes, sonidos, etc. Es muy útil para conseguir datos y hacer tus tareas escolares. Para poder usar Internet debes contar con una computadora, un módem, un proveedor de conexión Internet y software para buscar información en la red. Revisa Web.

interpretar una gráfica / read graph

Entender los elementos de una gráfica para tomar decisiones. Imagina que la cafetería de tu escuela te encarga tomar una decisión respecto a quitar algún platillo del menú. El director te presta la gráfica de consumo de la escuela por platillo. ¿Quitarías alguno? Tienes que ver la gráfica e interpretarla para tomar una

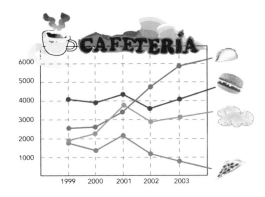

decisión. Como la pizza se ha vendido menos cada año, puedes tomar la decisión de eliminarla del menú y sustituirla por otro platillo.

intersección / intersection

Lugar donde se cruzan una fila y una columna en una tabla. La intersección de una fila y una columna se llama casilla.

intervalo / interval

Espacio que hay entre un número y otro en la escala de una gráfica. Observa las dos

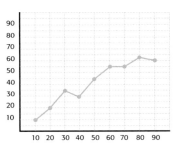

gráficas lineales de la derecha. Las gráficas representan la misma información pero se ven diferentes debido a que el intervalo en las escalas es distinto.

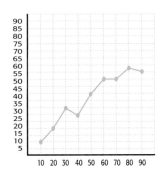

invertir / flip

Dar vuelta a una figura plana. Te sirve para mover una figura de tal manera que sea más fácil compararla con otra figura y así confirmar si las dos figuras son similares o congruentes.

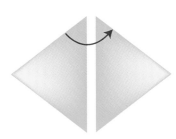

juego injusto / unfair game

Juego en el que cada jugador tiene diferente probabilidad de ganar. Imagina que tú y un amigo tienen un recipiente con 20 esferas numeradas del 1 al 20. Sin mirar, sacas una esfera. Si el número que sacas es múltiplo de 3, ganas. De otra manera, gana tu amigo. ¿Es un juego justo? Los múltiplos de 3 son: 6, 9, 12, 15 y 18, o sea, 5 números de 20. El resto sería 1, 2, 3, 4, 5, 7, 8, 10, 11, 13, 14, 16, 17, 19 y 20, o sea, 15 números. Tu amigo tiene 15 de 20 oportunidades de ganar mientras tú tienes 5 de 20 oportunidades de ganar; por lo tanto, es un juego injusto.

juego justo / fair game

Juego en el que cada jugador tiene la misma probabilidad de ganar. Imagina que tú y un amigo tienen un recipiente con 20 esferas numeradas del 1 al 20. Sin mirar, sacas una esfera. Si el número que sacas es par, ganas. De otra manera, gana tu amigo. ¿Es un juego justo? Hay 10 números pares y 10 números impares. La probabilidad de sacar un número par y de sacar uno impar es la misma; por lo tanto, es un juego justo.

kilogramo (kg) / kilogram (kg)

Unidad de masa del sistema métrico mil veces mayor que el gramo. El prefijo *kilo*- significa mil. *Kilo*-gramo significa mil gramos. Usa esta unidad para expresar el peso de objetos medianos como escritorios, computadoras, televisores, refrigeradores, etc. Revisa la tabla de medidas en la página 126 para mayor información.

kilolitro (kl) / kiloliter (kl)

Unidad de capacidad del sistema métrico. El prefijo *kilo*- significa mil; por lo tanto, kilolitro significa mil litros. Usa esta unidad para medir grandes capacidades como el agua en una alberca, la capacidad de los contenedores de agua de una ciudad, etc. Revisa la tabla de medidas en la página 126 para mayor información.

kilómetro (km) / kilometer (km)

Unidad de longitud del sistema métrico mil veces mayor que el metro. El prefijo *kilo-* significa mil. *Kilómetro* significa mil metros. Usa esta unidad para medir la distancia entre lugares lejanos, como ciudades. Revisa la tabla de medidas en la página 126 para mayor información.

lado / side

Segmento de recta que une dos vértices de un polígono. Los vértices tienen que estar uno al lado del otro. Por ejemplo, un pentágono tiene cinco lados.

lados correspondientes / corresponding sides

Cualquier par de lados en la misma posición relativa de dos figuras similares o figuras congruentes. El tamaño de los lados puede variar en las figuras similares pero no en las figuras congruentes. Recuerda que la posición de una de las figuras puede variar con respecto a la otra debido a que se puede girar, trasladar o invertir.

libra (lb) / pound (lb)

Unidad de masa del sistema usual. Una libra equivale a 16 onzas. Usa esta unidad para calcular el peso de objetos medianos como escritorios, computadoras, televisores, refrigeradores, etc. Revisa la tabla de medidas en la página 125 para mayor información.

línea cronológica / time line

Recta numérica donde representas acontecimientos relevantes de una persona, lugar o país. Los números de la línea cronológica representan los años. El ejemplo de la derecha muestra la línea cronológica de Benjamín Franklin.

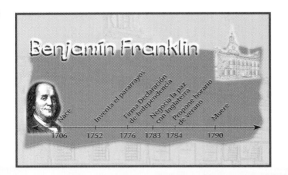

lineal / linear

Se refiere a una sola dimensión. Por ejemplo, la altura de un rectángulo, el radio de un círculo, una arista de un cubo, la distancia entre dos ciudades, etc. El tipo de unidad que puedes usar es: centímetros, pulgadas, pies, kilómetros, etc.

lista ordenada / organized list

Consulta organizar la información en una lista.

litro (L) / liter (L)

Unidad de capacidad del sistema métrico. Usa esta unidad para medir capacidades medianas como jarras, envases de refresco, etc. Un litro es igual a 1,000 mililitros o 1 decímetro cúbico. Equivale a poco más de un cuarto de galón (ct). Por ejemplo, a un envase de refresco grande le caben 2 litros. Revisa la tabla de medidas en la página 126 para mayor información.

lógica / logic

Manera en la que puedes encontrar una solución a un problema sin utilizar un procedimiento matemático. Imagina que hay cuatro niños: Andrés, Jorge, Luis y Sebastián. Sebastián no dijo nada cuando Luis habló después de que lo hizo Jorge. Andrés habló después de Luis. ¿Quién habló primero? Puedes usar lógica para resolverlo. Sebastián no habló. Andrés habló después de Luis y Luis después de Jorge. Jorge habló primero.

longitud / length

Cantidad de unidades que necesitas para cubrir una distancia. Las unidades que debes usar son centímetros, metros, kilómetros, pies, yardas, millas, etc. Observa el dibujo de la derecha. Las longitudes en millas representan distancias entre lugares. Revisa la tabla de medidas en la página 125 para mayor información.

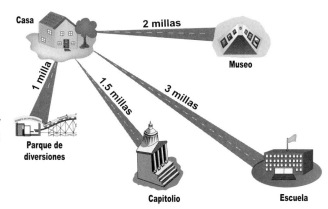

marca de conteo / tally mark

Marca que usas para llevar la cuenta en una encuesta. Imagina que en la escuela te piden que averigües cuántos niños y cuántas niñas van al zoológico el sábado. Te paras en la entrada del zoológico y en una hoja usas una marca de conteo por cada niño o niña que entra. Al final del día tendrás la respuesta.

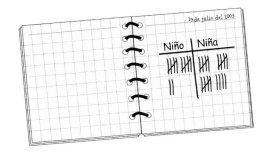

marca fija / benchmark

Consulta valores de referencia.

masa / mass

Cantidad de materia que contiene cualquier objeto. Recuerda que dos objetos del mismo tamaño (volumen) no necesariamente pesan lo mismo ya que su masa podría ser diferente. No es lo mismo un cubo de plomo que un cubo de las mismas dimensiones pero hecho de algodón. El volumen es igual en ambos casos, pero la masa es diferente. Un cubo de plomo pesa más que uno hecho de algodón.

matriz / array

Objetos ordenados en hileras y columnas. Imagina que tienes cuatro cajas con 5 chocolates en cada una. ¿Cuántos chocolates tienes en total? Como puedes ver, es un problema de multiplicación. Puedes ordenar los chocolates en hileras y columnas donde las columnas son las cajas y las hileras los chocolates que hay en cada caja. Tienes una matriz de chocolates. El total de chocolates que tienes es de 20.

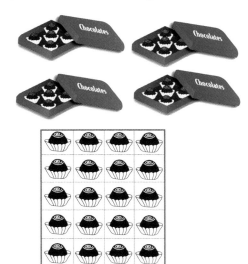

máximo común divisor (MCD) / greatest common factor (GCF)

El factor común más grande de dos o más números. Te sirve para encontrar el número máximo de grupos iguales que puedes formar con dos o más tipos de objetos o personas. Imagina que en un día de campo organizas un torneo de habilidad manual de padres e hijos. Asisten 9 padres y 12 niños. ¿Cuál es el número máximo de equipos que puedes formar con el mismo número de adultos y niños? Tienes que calcular los factores de 9 y 12:

9: 1, 3 y 9.
12: 1, 2, 3, 4, 6 y 12.

Los factores comunes a 9 y 12 son:
1 y 3.

El máximo común divisor es 3.

$$\frac{9 \text{ adultos}}{3 \text{ grupos}} = 3 \text{ adultos por grupo}$$

$$\frac{12 \text{ niños}}{3 \text{ grupos}} = 4 \text{ niños por grupo.}$$

Puedes formar 3 equipos con 3 adultos y 4 niños en cada uno. Recuerda que puedes formar grupos con todos los factores comunes, pero no formarías el máximo número de grupos.

máximo factor común (MFC) / greatest common factor (GCF)

Consulta máximo común divisor.

mayor que (>) / is greater than (>)

Símbolo para definir una relación entre dos cantidades. Te indica que el número de la izquierda es mayor que el número de la derecha. Si los números están sobre una recta numérica, te indica que el primer número está más a la derecha que el segundo número.

MCD / GCF

Consulta máximo común divisor.

mcd / LCD

Consulta mínimo común denominador.

mcm / LCM

Consulta mínimo común múltiplo.

media / mean

Resultado de sumar todos los elementos de un conjunto de datos y dividirlo entre el número de elementos. La media te sirve para tener una idea de cómo se comporta el conjunto de datos. Es como quitarle puntos a los que tienen más y dárselos a los que tienen menos puntos para que empaten en una calificación promedio. Imagina que tus papás te preguntan qué tan buenos son para las matemáticas en tu salón de clases. La tabla de la derecha muestra las calificaciones en matemáticas de los alumnos de tu salón. Puedes usar la media para saber cuál es el aprovechamiento promedio tuyo y de tus compañeros. Suma todas las calificaciones:

Nombre	Calificación
Yo	8
Jorge	9
John	7
Susan	9
David	6
Minerva	8
Kim	10
Ronda	7
Peter	8

$$8 + 9 + 7 + 9 + 6 + 8 + 10 + 7 + 8 = 72.$$

Divide la suma anterior entre el número de elementos: $72 \div 9 = 8$. La media de las calificaciones de matemáticas en el salón es de 8. Te dice que el aprovechamiento medio es de 8. Revisa promedio.

media aritmética / arithmetic mean

Consulta media.

medición / measurement

Es la determinación de la longitud, área, extensión, volumen o capacidad de algo. Revisa la tabla de fórmulas de la página 124 y la tabla de medidas de la página 125.

medida / measure

Consulta medición.

mediana / median

En un conjunto ordenado de datos, es el número que se encuentra enmedio de la lista. La mediana te sirve para tener una idea de cómo se comporta el conjunto de datos. Observa el ejemplo de las calificaciones abajo, a la derecha. La lista está ordenada de menor a mayor:

El número que está enmedio es el 8. Te indica que el aprovechamiento es de 8.

No te confundas

La mediana siempre será un elemento del conjunto de datos, pero la media es una división de la suma entre los elementos del conjunto, y no necesariamente será un elemento.

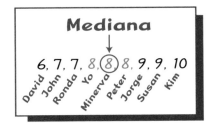

menor que (<) / is less than (<)

Símbolo para definir una relación entre dos cantidades. Te indica que el número de la izquierda es menor que el número de la derecha. Si los números están sobre una recta numérica, te indica que el primer número está más a la izquierda que el segundo número.

Ejemplo: 23 < 28

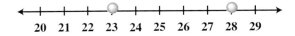

El 23 está a la izquierda del 28.

método alternativo / alternate solutions

Utilizar un método diferente para resolver un problema. Los dos métodos te deben llevar a la misma solución. Imagina que tienes seis cajas de CD con 8 CD en cada caja. ¿Cuántos CD tienes en total?

Método 1: Puedes sumar el contenido de cada caja para saber cuál es el total de CD:
$8 + 8 + 8 + 8 + 8 + 8 = 48$ CD.

Método 2: Puedes utilizar una multiplicación para saber la cantidad total de CD: $6 \times 8 = 48$ CD.

Los dos métodos te llevan al mismo resultado.

metro (m) / meter (m)

Unidad de longitud del sistema métrico. Un metro equivale a 100 centímetros y a 1,000 milímetros. Usa esta unidad para medir cosas medianas como habitaciones, carros y albercas. Revisa la tabla de medidas en la página 126 para mayor información.

¿Sabías que...?

Un metro equivale a la diezmillonésima parte (1/10,000,000) de la distancia entre el polo norte y el ecuador.

milésimo / thousandths

La parte que resulta de dividir un todo en 1,000 partes iguales. En un número decimal, los milésimos ocupan la tercera posición después del punto decimal. El dígito que encuentres en esa posición lo dividirás entre 1,000. Estas cantidades son muy pequeñas y se utilizan en experimentos de laboratorio o actividades que requieran mucha precisión. Revisa valor posicional.

miligramo (mg) / milligram (mg)

Unidad de masa del sistema métrico, 1,000 veces menor que un gramo. *Mili-* es un prefijo que significa la milésima parte de la unidad, así que miligramo significa la milésima parte de un gramo. Usa esta unidad para medir pesos muy pequeños. Por ejemplo, los ingredientes activos de las medicinas se miden en miligramos. Cuando en el envase de un analgésico dice 325 mg, significa que cada pastilla contiene 325 miligramos de analgésico. Revisa la tabla de medidas en la página 126 para mayor información.

mililitro (mL) / milliliter (mL)

Unidad de capacidad del sistema métrico, 1,000 veces menor que un litro. *Mili-* es un prefijo que significa la milésima parte de la unidad, así que mililitro significa la milésima parte de un litro. Un mililitro equivale a unas cuatro gotas de agua. Usa esta unidad para medir capacidades muy pequeñas. Por ejemplo, la cantidad de medicina en una inyección se mide en mililitros. Revisa la tabla de medidas en la página 126 para mayor información.

milímetro (mm) / millimeter (mm)

Unidad de longitud del sistema métrico, 1,000 veces menor que un metro. *Mili-* es un prefijo que significa la milésima parte de la unidad, así que milímetro significa la milésima parte de un metro. Usa esta unidad para medir longitudes pequeñas, como el largo de una llave, la distancia entre una letra y otra en un libro, etc. Revisa la tabla de medidas en la página 126 para mayor información.

55 mm

milla (mi) / mile (mi)

Unidad de longitud del sistema usual. Una milla equivale a 5,280 pies y a 1,760 yardas. Usa esta unidad para medir la distancia entre lugares lejanos como ciudades. Por ejemplo, la distancia entre San Antonio y Houston es de 197 millas. Revisa la tabla de medidas en la página 125 para mayor información.

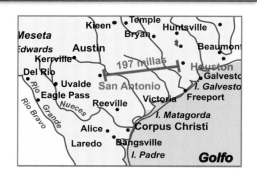

millares de millón / billions

Conjunto de mil millones de unidades. En un número entero, los millares de millón se encuentran en la décima posición de derecha a izquierda. El dígito que se encuentre en esa posición lo multiplicas por 1,000,000,000. Revisa valor posicional.

No te confundas

En inglés, billion es igual a mil millones (1,000,000,000), pero en español, billón es igual a un millón de millones (1,000,000,000,000).

millares / thousands

Conjunto de mil unidades. En un número entero, los millares se encuentran en la cuarta posición de derecha a izquierda. El dígito que se encuentre en esa posición lo multiplicas por 1,000. Revisa valor posicional.

millones / millions

Conjunto de un millón de unidades. En un número entero, los millones se encuentran en la séptima posición de derecha a izquierda. El dígito que se encuentre en esa posición lo multiplicas por 1,000,000. Revisa valor posicional.

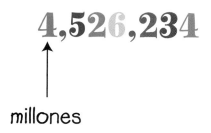

4,526,234

↑ millones

mínima expresión / simplest form

Cuando el máximo común divisor del numerador y el denominador
es 1, puedes decir que la fracción se encuentra en su mínima
expresión. O sea, que la fracción no puedes expresarla con un
denominador menor que el que ya tienes. Los resultados con
fracciones siempre deben escribirse en su mínima expresión.

Ejemplo: Expresa $\frac{12}{18}$ en su mínima expresión. Calcula el máximo
común divisor del numerador y el denominador.

12: 1, 2, 3, 4, 6 y 12.
18: 1, 2, 3, 6, 9 y 18.

El máximo común divisor es 6; por lo tanto, la fracción no se
encuentra en su mínima expresión. Divide el numerador y el
denominador entre el MCD.

$$\frac{12}{18} = \frac{2}{3}.$$

Como el máximo común divisor de $\frac{2}{3}$ es 1, la fracción se
encuentra en su mínima expresión.

mínimo común denominador (mcd) / least common denominator (LCD)

El mínimo común múltiplo de los denominadores de dos o más fracciones.
Si cambias el denominador de las fracciones originales al mínimo común
denominador, puedes comparar, ordenar, sumar o restar fracciones.

Ejemplo: Suma las siguientes fracciones: $\frac{1}{6} + \frac{3}{4} + \frac{5}{8}$.
Encuentra el mínimo común múltiplo
de los denominadores:

6: 6, 12, 18, 24, 30, 36, 42, 48, 54, 60, 66,…
4: 4, 8, 12, 16, 20, 24, 28, 32, 36, 40, 44, 48, 52,…
8: 8, 16, 24, 32, 40, 48, 56, 64, 72, 80,…

El mínimo común denominador es 24.

Convierte las fracciones:

$$\frac{1}{6} = \frac{4}{24}, \frac{3}{4} = \frac{18}{24} \text{ y } \frac{5}{8} = \frac{15}{24} \qquad \frac{4}{24} + \frac{18}{24} + \frac{15}{24} = \frac{37}{24} = 1\frac{13}{24}.$$

mínimo común múltiplo (mcm) / least common multiple (LCM)

El menor de los múltiplos de dos o más números que es múltiplo de todos los números. El mínimo común múltiplo te indica cuál es la menor cantidad en la que coinciden dos o más grupos de objetos o personas que se encuentran agrupadas de cierta manera. Con esa cantidad puedes averiguar cuál es el menor número de grupos que necesitas.

Ejemplo: Imagina que tu salón organiza un día de campo en donde se van a servir hamburguesas. Si la carne para hamburguesa se vende en paquetes de 6 y los panes se venden en paquetes de 8, ¿Cuál es el menor número de paquetes de cada cosa que tienes que comprar para que no sobren ni panes ni carne? Tienes que averiguar en qué número coinciden tanto la carne como los panes. Primero calcula los múltiplos de cada número para encontrar los múltiplos comunes:

6: 6, 12, 18, 24, 30, 36, 42, 48, 54, 60,…
8: 8, 16, 24, 32, 40, 48, 56, 64, 72, 80,…

En estas listas hay dos múltiplos comunes: 24 y 48.

El mínimo común múltiplo es 24. Divide 24 entre cada cantidad de ingrediente que viene en los paquetes:

$$24 \div 6 = 4 \text{ y } 24 \div 8 = 3$$

Tienes que comprar 4 paquetes de carne y 3 paquetes de pan para hacer 24 hamburguesas.

¿Son suficientes hamburguesas para tu salón? Si no son suficientes, puedes tomar el siguiente múltiplo común, pero ya no será el mínimo común múltiplo.

minuto (min) / minute (min)

Unidad de medida del tiempo. Un minuto equivale a 60 segundos. 1 hora tiene 60 minutos. Utiliza esta medida cuando hables de porciones de tiempo pequeñas como el tiempo entre una clase y otra, la duración de tu programa favorito de televisión, etc.

moda / mode

En un conjunto de datos, el número que aparece con mayor frecuencia. La moda te sirve para tener una idea de cómo se comporta el conjunto de datos. Imagina que tu maestra quiere mejorar las calificaciones de matemáticas del salón y se dispone a hacer una revisión de los exámenes. Hace un conteo de los problemas en donde el grupo se equivocó. El diagrama de puntos muestra el número de estudiantes que se equivocó en cada

problema. La moda fue el problema 7 ya que es donde se equivocaron más alumnos. La maestra deberá repasar ese tema.

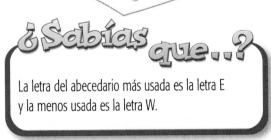

muestra / sample

Parte que seleccionas de un grupo para analizar y sacar conclusiones acerca del grupo. Si el grupo por analizar es demasiado grande, debes utilizar una muestra para realizar tu trabajo. Imagina

¿Sabías que..?

La letra del abecedario más usada es la letra E y la menos usada es la letra W.

que te encargan un trabajo en tu escuela que consiste en averiguar cuál es la letra del abecedario que más se usa en los libros y revistas. Es imposible revisar TODOS los libros y revistas del mundo para hacer el trabajo. Debes tomar una muestra que consista en varios libros y revistas y realizar con ella el trabajo. Entre más libros selecciones (muestra mayor) tu respuesta será más cercana al valor real.

multiplicación / multiplication

Operación que te sirve para calcular la suma repetida de un mismo grupo. Esta operacion consta de un multiplicando (el tamaño del grupo), un multiplicador (las repeticiones) y el resultado o producto. Imagina que tienes que calcular cuántos alumnos hay en una escuela. Sabes que hay 5 salones y que cada salón tiene 25 alumnos. Una forma de hacerlo es sumando salón por salón:

$$25 + 25 + 25 + 25 + 25 = 125$$

Si usas la multiplicación:

Tamaño del grupo	×	repetición	=	producto
25	×	5	=	125

La multiplicación es también lo contrario de la división. Revisa el ejemplo que sigue para que relaciones la multiplicación con la división.

Ejemplo:

Si tienes 32 galletas y quieres llenar cajas de 8 galletas cada una, ¿cuántas cajas necesitas? Lo que tienes que hacer es dividir 32 galletas entre la cantidad de galletas que le caben

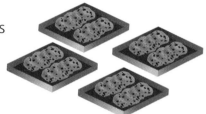

a cada caja: $\frac{32}{8} = 4$. Necesitas 4 cajas para acomodar las galletas.

¿Qué pasa si planteas el problema de atrás para adelante?

Si tienes 4 cajas de galletas con 8 galletas en cada caja, ¿cuántas galletas tienes en total? Lo que tienes que hacer es multiplicar las 4 cajas por las 8 galletas que hay en cada caja.

Tamaño del grupo	×	repetición	=	producto
8	×	4	=	32

El resultado es 32 galletas en total.

múltiplo / multiple

El resultado de multiplicar un número por un entero. Por ejemplo, para saber cuáles son los múltiplos de 4, multiplica el 4 por un entero:

$4 \times 1 = 4$, $4 \times 2 = 8$, $4 \times 3 = 12$, $4 \times 4 = 16$, y así sucesivamente.

Entonces, los múltiplos de 4 son:

$$4, 8, 12, 16, 20, 24, 28, 32,\ldots$$

múltiplo común / common multiple

Cualquier número que sea múltiplo de dos o más números. El múltiplo común te indica en qué cantidad coinciden dos o más grupos de objetos o personas que se encuentran agrupados de cierta manera. Con esa cantidad puedes obtener el número de grupos que necesitas.

Ejemplo: Imagina que los grupos de cuarto grado organizan un día de campo y van a servir hamburguesas con queso. El total de alumos de cuarto grado es de 40 estudiantes. La carne para hamburguesa viene en paquetes de 4, las rebanadas de queso, en paquetes de 6, y los panes, en paquetes de 8. ¿Cuántos paquetes debes comprar para que no sobre ningún ingrediente? Calcula los múltiplos comunes de los ingredientes:

4: 4, 8, 12, 16, 20, 24, 28, 32, 36, 40, 44, 48, 52,…
6: 6, 12, 18, 24, 30, 36, 42, 48, 54, 60, 66,…
8: 8, 16, 24, 32, 40, 48, 56, 64, 72, 80, 88,…

Los múltiplos comunes a estas listas son 24 y 48. Piensa, ¿sería razonable hacer 24 hamburguesas para 40 niños?
No. Toma el siguiente múltiplo común para hacer 48 hamburguesas. Divide 48 entre cada cantidad de ingrediente que viene en los paquetes:

$48 \div 4 = 12$, $48 \div 6 = 8$ y $48 \div 8 = 6$.

Debes de comprar 12 paquetes de carne, 8 paquetes de rebanadas de queso y 6 paquetes de pan.

nombre en palabras / word name
Consulta forma verbal.

nominal / nominal
Consulta número nominal.

notación científica / scientific notation

Manera de representar un número como el producto de un número decimal y una potencia de 10. Una potencia de 10 es el 10 elevado a un exponente. Por ejemplo, 10^2 es $10 \times 10 = 100$. 10^3 es $10 \times 10 \times 10 = 1,000$, y así sucesivamente. Debes usar la potencia que coincida con el valor posicional del dígito que se encuentre más a la izquierda en el número original. El otro factor es un número decimal mayor o igual que 1 y menor que 10 que se calcula dividiendo el número original entre el valor posicional del dígito que se encuentre más a la izquierda en el número original.

Tabla de potencias		
10^0	1	unidades
10^1	10	decenas
10^2	100	centenas
10^3	1,000	millares
10^4	10,000	decenas de millar
10^5	100,00	centenas de millar
10^6	1,000,000	millones
10^7	10,000,000	decenas de millón
10^8	100,000,000	centenas de millón

La forma sería: Número decimal $\times 10^n$.

Ejemplo: Representa 2,300 en notación científica. El valor posicional del dígito que se encuentra más a la izquierda es el de millares. Ve la tabla de arriba: millares = 10^3. El número decimal se calcula dividiendo $2,300 \div 1,000 = 2.3$

$2,300 = 2.3 \times 10^3$.

¿Sabías que..?

La notación científica sirve para trabajar con números extremadamente grandes. ¿Qué tan grande crees que sea el número 1×10^{85}? Este número en apariencia no tan grande representa la cantidad aproximada de partículas que hay ¡en TODO el universo!

numerador / numerator

Número que se encuentra arriba de la barra de fracción e indica cuántas partes estás tomando de la unidad. Por ejemplo, en $\frac{5}{7}$, el numerador es 5 y te indica que vas a tomar 5 partes de la unidad. La unidad se encuentra dividida en 7 partes, como indica el denominador de la fracción.

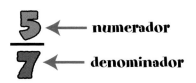

$5 \leftarrow$ **numerador**

$7 \leftarrow$ **denominador**

número al cuadrado / square number

Consulta cuadrado.

número compuesto / composite number

Número que puede expresarse como la multiplicación de dos o más factores primos diferentes de 1 y del número mismo. Esta característica hace que el número compuesto

6 y 12

son números compuestos

$$\frac{6}{12} = \frac{3 \times 2 \times 1}{3 \times 2 \times 2} = \frac{1}{2}$$

pueda expresarse de diferentes maneras (observa el ejemplo de la derecha). Un número compuesto es lo contrario de un número primo. Utiliza el árbol de factores para encontrar los factores primos del número compuesto.

número cuadrado / square number

Número compuesto que tiene tres factores: el 1, el número mismo y un número primo, o sea, sólo tiene un factor primo que se repite. El número 4, por ejemplo es un número cuadrado ya que sus factores son: 1, 2 y 4 y sus factores primos son 2 y 2. El 9, 16 y 25 también son ejemplos de números cuadrados.

número de referencia / benchmark

Consulta valores de referencia.

número entero / whole number

Cualquier número que no pueda dividirse en una fracción: 0, 1, 2, 3, 4, 5, 6, 7, 8, 9, 10, 11,... Por ejemplo, si estás hablando de cuántos perros hay en el parque, tienes que usar números enteros. No tiene sentido decir que hay 12.5 perros en el parque.

número equivalente / equivalent number

Número que es igual a otro número. Por ejemplo, 4 es equivalente a 4.0 y a 4.00. Observa el ejemplo de abajo. El 4 tiene que cambiarse por 4.0 para poder realizar la división.

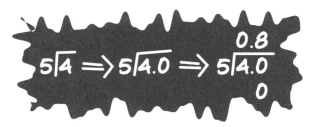

número impar / odd number

Número entero que tiene en la posicion de las unidades el dígito 1, 3, 5, 7 ó 9. Los números impares no son divisibles entre 2. Es lo contrario de los números pares.

número mixto / mixed number

Número que se compone de un número entero y una fracción. Un número mixto se puede convertir en una fracción impropia:

1. Multiplica el número entero por el denominador de la fracción y al resultado súmale el numerador de la fracción.

2. Utiliza el mismo denominador del número mixto para la fracción impropia.

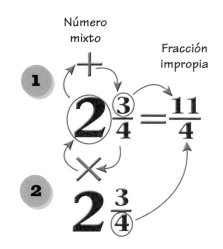

Número mixto

Fracción impropia

$$2\frac{3}{4} = \frac{11}{4}$$

$$2\frac{3}{4}$$

número negativo / negative number

Cualquier número que se encuentre a la izquierda del cero en una recta numérica, o sea, que sea menor que cero. Imagina que es invierno y la temperatura marca 7°C. En las noticias escuchas que en la noche la temperatura va a descender 10 grados. ¿A qué temperatura amanecerá? Observa la recta numérica de la derecha. Parte del 7 y comienza a descontar 10 grados. Al llegar al 0 tienes que seguir descontando los 3 grados que te faltan. La temperatura es de −3°C. El símbolo − significa que es un número negativo.

número nominal / nominal number

Los números que nombran objetos en particular. Por ejemplo, los nombres de las carreteras: cuando te dicen que tienes que tomar la Interestatal 35 para ir de Laredo a San Antonio, te están indicando el nombre de la carretera con su número nominal. Cuando tu amigo te da su número telefónico, por ejemplo el 5552345, te está dando el nombre de su teléfono con su número nominal.

número ordinal / ordinal number

Los números que te sirven para indicar el orden de los elementos de un conjunto. Por ejemplo, si estás en una fila para comprar un boleto para entrar al cine y estás hasta adelante, utilizas números ordinales para decir tu ubicación. "Soy el primero (1°) en la fila".

Números ordinales	
1º	Primero
2º	Segundo
3º	Tercero
4º	Cuarto
5º	Quinto
6º	Sexto
7º	Séptimo
8º	Octavo
9º	Noveno
10º	Décimo

número par / even number

Número entero que tiene en la posicion de las unidades el dígito 0, 2, 4, 6 u 8. Los números pares son divisibles entre 2. Son lo contrario de los números impares.

número primo / prime number

Número entero cuyos factores primos son solamente el 1 y el número mismo. Por ejemplo, los factores de 13 son 1 y 13. Es un número primo. Puedes usar la criba de Eratóstenes para encontrar los números primos. La característica más importante de estos números es que no pueden expresarse de diferente manera.

números compatibles / compatible numbers

Números que son fáciles de calcular de manera mental. Por lo general, son números que completan una decena, centena o millar o que son múltipos de 5 ó 10: $150 + 50$, 50×10, etc.

Si realizas un cálculo mental, puedes redondear a números compatibles para realizar la operación:

Multiplica 143×11. Puedes redondear 143 a 150 y 11 a 10: $150 \times 10 = 1,500$.

El resultado exacto es $143 \times 11 = 1,573$.

números romanos / roman numerals

Sistema que utilizaban los antiguos romanos para representar los números. Este sistema utiliza siete letras con diferente valor (revisa la tabla de la derecha). Si un número menor está después de un número mayor, se suman los números. Si un número menor está antes de un número mayor, el menor se resta del mayor. Si es el mismo número, se suman.

$VIII = 5 + 1 + 1 + 1 = 8$
$IX = 10 - 1 = 9$
$XLIII = (50 - 10) + 1 + 1 + 1 = 43.$

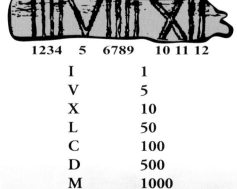

1234	5	6789	10 11 12

I	1
V	5
X	10
L	50
C	100
D	500
M	1000

O o

octágono / octagon

Cualquier polígono que tenga 8 lados y 8 ángulos. Los lados y ángulos no tienen que ser iguales.

onza (oz) / ounce (oz)

Unidad básica del sistema usual que sirve para medir masa. Usa esta unidad para expresar el peso de objetos pequeños como lápices, gomas, dulces, etc. Revisa la tabla de medidas en la página 125 para mayor información.

onza fluida (fl oz) / fluid ounce (fl oz)

Consulta onza líquida.

onza líquida (oz líq) / fluid ounce (fl oz)

Unidad básica de capacidad del sistema usual. Usa esta unidad para medir porciones pequeñas, como la cantidad de vainilla que necesitas para preparar un pastel, o la cantidad de agua que requieres para hacer un vaso de refresco. Una onza líquida es igual a 2 cucharadas. Revisa la tabla de medidas en la página 125 para mayor información.

operación / operation

Acción que realizas con dos o más números para obtener un resultado. Existen cuatro operaciones básicas: suma, resta, multiplicación y división.

Operación	Acción
Suma	Combina grupos
Resta	Quita o separa grupos
Multiplicación	Une grupos iguales
División	Reparte en partes iguales

operación inversa / inverse operation

Operación que deshace lo realizado por otra operación. Por ejemplo, la resta es la operación inversa de la suma: imagina que tienes 25 tarjetas de béisbol y te regalan 10. Sumas 10 a 25 y ahora tienes 35 tarjetas. ¿Qué operación debes efectuar para tener de nuevo 25 tarjetas? Debes restarle 10 al resultado para tener de nuevo 25 tarjetas.
$25 + 10 - 10 = 25$.

Operación	Operación inversa
Suma	Resta
Resta	Suma
Multiplicación	División
División	Multiplicación

oración numérica / number sentence

Números, símbolos y operaciones que te indican una relación.
$(24 + n) / 3 = 22 - 2n$ es un ejemplo de oración numérica. Revisa ecuación, expresión y fórmula.

orden ascendente / ascending order

Consulta ascendente.

orden descendente / descending order

Consulta descendente.

orden de las operaciones / order of operations

Cuando una oración numérica tiene varias operaciones debes seguir un orden para realizarlas. Éste no es simplemente de izquierda a derecha.

1. Efectúa las operaciones dentro de paréntesis.

2. Efectúa las multiplicaciones y divisiones de izquierda a derecha.

3. Finalmente realiza las sumas y restas de izquierda a derecha.

Ejemplo: Resuelve $(2 + 8) \times 5 - 10 \div 2 + 4$

1. $10 \times 5 - 10 \div 2 + 4$ Paréntesis
2. $50 - 10 \div 2 + 4$ Multiplicación
3. $50 - 5 + 4$ División
4. $45 + 4$ Resta
5. 49 Suma

ordenada / y-axis

Consulta eje vertical.

ordenar decimales y fracciones / ordering decimals and fractions

Ve a la página 82.

ordinal

Consulta número ordinal.

origen / end point

El punto (o extremo) donde comienza un rayo. Recuerda que la flecha en el otro extremo indica que de ese lado el rayo no tiene fin.

organizar la información en una lista / make an organized list

Estrategia que sirve para resolver problemas, por lo general de probabilidad. Cuando haces una lista de todos los resultados posibles, puedes visualizar de manera más sencilla la respuesta. Imagina que tienes una ruleta con 4 colores diferentes y una moneda. ¿Cúantos resultados puedes obtener si lanzas la moneda y giras la ruleta? ¿Cuáles son? Puedes hacer una lista ordenada de todos los resultados posibles. Observa el árbol de resultados de la derecha: tienes 8 resultados posibles que se encuentran organizados en la lista a la derecha del árbol.

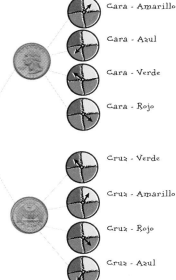

Cara - Amarillo
Cara - Azul
Cara - Verde
Cara - Rojo
INICIO
Cruz - Verde
Cruz - Amarillo
Cruz - Rojo
Cruz - Azul

Ordenar decimales y fracciones
ordering decimals and fractions

ordenar decimales

Procedimiento que utilizas para acomodar una cierta cantidad de números decimales de mayor a menor o viceversa. Imagina que tu maestra de matemáticas te pide que hagas una lista de menor a mayor calificación de los exámenes finales. La siguiente tabla muestra las calificaciones del grupo.

Calificaciones del grupo	
Juan	9.5
Mara	8.5
Alan	7.5
Jorge	10
Valeria	7.0
Steve	8.0
María	6.5
Karla	6.0
Kim	8.7

Puedes usar una recta numérica para acomodar las calificaciones en ella y ordenar los números decimales.

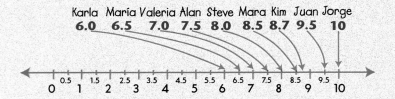

Como tu maestra te pidió que hicieras una lista de menor a mayor calificación debes comenzar con el nombre que esté más a la izquierda de la recta numérica y continuar así hasta el nombre que esté más a la derecha de la recta numérica. Comienza con Karla que es la que se encuentra más a la izquierda. Después sigue María, Valeria, etc. Continúa así hasta que llegues a Jorge que es el compañero con la mejor calificación.

Calificaciones del grupo	
Karla	6.0
María	6.5
Valeria	7.0
Alan	7.5
Steve	8.0
Mara	8.5
Kim	8.7
Juan	9.5
Jorge	10

ordenar fracciones

El procedimiento para ordenar fracciones es similar a ordenar decimales. Debes convertir las fracciones en números decimales y seguir las instrucciones para ordenar números decimales. Imagina quieres hacer un súper sándwich con los siguientes ingredientes: $\frac{3}{4}$ de kilo de jamón, $\frac{5}{10}$ de kilo de queso suizo, $\frac{1}{4}$ de kilo de salami italiano, $\frac{3}{5}$ de kilo de roast-beef. Quieres hacer una lista ordenada de mayor a menor cantidad de los ingredientes.

Primero debes convertir las fracciones en decimales:

$$\frac{3}{4}: \quad 4\overline{\smash{\big)}3.00} \atop \begin{array}{r} 0.75 \\ \underline{28} \\ 20 \\ \underline{20} \\ 0 \end{array} \qquad \frac{5}{10}: \quad 10\overline{\smash{\big)}5.0} \atop \begin{array}{r} 0.5 \\ \underline{50} \\ 0 \end{array} \qquad \frac{1}{4}: \quad 4\overline{\smash{\big)}1.00} \atop \begin{array}{r} 0.25 \\ \underline{8} \\ 20 \\ \underline{20} \\ 0 \end{array} \qquad \frac{3}{5}: \quad 5\overline{\smash{\big)}3.0} \atop \begin{array}{r} 0.6 \\ \underline{30} \\ 0 \end{array}$$

Ahora, acomoda las cantidades en una recta numérica.

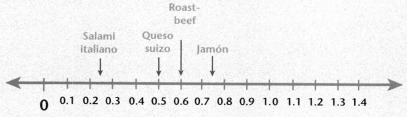

Ahora haz una lista comenzando con el ingrediente que se encuentre más a la derecha en la recta numérica. Y continúa hasta llegar al último ingrediente.

Lista de ingredientes	Cantidad
Jamón	$\frac{3}{4}$ de kilo
Roast-beef	$\frac{3}{5}$ de kilo
Queso suizo	$\frac{5}{10}$ de kilo
Salami italiano	$\frac{1}{4}$ de kilo

pm / p. m.
Las horas entre el mediodía y la medianoche.

pantalla / display
Parte de una calculadora o computadora donde puedes ver las operaciones que realizas. Es el medio con que la calculadora o computadora se "comunica" contigo.

par ordenado / ordered pair
Par de números que te indican la posición de un punto en una gráfica de coordenadas o en una gráfica lineal. El primer número indica la posición horizontal en la gráfica, es decir, cuántas unidades te tienes que mover a la derecha o izquierda en la gráfica. El segundo número indica la posición vertical, o sea, cuántas unidades te tienes que mover hacia arriba o hacia abajo en la gráfica. Revisa eje horizontal y eje vertical.

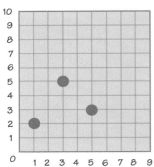

Pares ordenados

P = 1, 2

Q = 3, 5

R = 5, 3

paralelogramo / parallelogram
Cuadrilátero que tiene dos pares de lados opuestos paralelos.

paralelas / parallel
Consulta rectas paralelas.

patrón / pattern
Regla que sigue una serie de figuras, palabras o números. Imagina que abriste un negocio de limonada. Las ventas de los primeros días se muestran en la tabla de la derecha. Si las ventas continúan con el mismo patrón, ¿cuánto vas a vender el sábado y el domingo? El día que abriste vendiste 3, el martes vendiste 2 más que el día anterior, 5. El miércoles, 2 más que el martes, y así sucesivamente. El patrón es vender 2 limonadas más que el día anterior. El sábado debes vender 13 limonadas, y el domingo, 15.

Día	Venta
Lunes	3
Martes	5
Miércoles	7
Jueves	9
Viernes	11
Sábado	?
Domingo	?

pentágono / pentagon

Cualquier polígono que tenga 5 lados y 5 ángulos. Los lados y ángulos no tienen que ser iguales.

perímetro / perimeter

La distancia que rodea a cualquier figura cerrada. Dependiendo de la figura es la manera en que se puede calcular el perímetro. Consulta la tabla de fórmulas de la página 124 para que conozcas la manera de calcular los perímetros de algunas figuras.

periodo / period

En un número escrito en forma usual, conjunto de tres dígitos delimitados por comas. Estos tres dígitos representan las unidades, decenas y centenas de un valor posicional mayor. Ese valor posicional lo definen las unidades del periodo.

Por ejemplo: 234,456,200. Hay tres periodos en este número: 234, 456 y 200. En el periodo 456, por ejemplo, el valor posicional de las unidades define la unidad de este periodo (los millares).

peso / weight

Medida del efecto de la gravedad sobre un cuerpo. Recuerda que dos objetos del mismo tamaño (volumen) no necesariamente pesan lo mismo ya que su masa puede ser diferente. No es lo mismo un cubo de

¿Sabías que..?

Tu peso en la Luna sería $\frac{1}{6}$ de lo que pesas en la Tierra, debido a que la gravedad en la Luna es menor. Si pesas 60 libras en la Tierra, pesarías 10 libras en la Luna. Esto se debe al tamaño de la Luna y la Tierra.

plomo que un cubo de iguales dimensiones pero hecho de algodón. El volumen es igual en ambos casos, pero su peso es diferente. Un cubo de plomo pesa más que uno hecho de algodón.

pi (π) / pi (π)

Número decimal que expresa la razón que existe entre la circunferencia de un círculo y su diámetro. Esta razón siempre es constante e independiente del tamaño del círculo. El valor de **π** es 3.141592… pero se suele redondear a 3.14.

¿Sabías que…?

π, que se lee pi, es la decimosexta letra del alfabeto griego y corresponde en nuestro alfabeto a la letra P.

pictografía / pictograph

Gráfica que te muestra los datos por medio de símbolos. Estos símbolos se llaman claves. Cada clave representa una cantidad específica. Si la clave se encuentra fraccionada, debes dividir la cantidad específica en la proporción que aparece. Observa la pictografía de la derecha. Cada clave representa

Preferencias por la música

Música = 4 votos

4 votos. Cuando aparece $\frac{1}{2}$ clave, representa 2 votos, y cuando aparece $\frac{1}{4}$ de clave representa 1 voto. Usa este tipo de gráfica cuando estés usando un solo tipo de cantidad y las cantidades no sean muy grandes. Por ejemplo, si vas a representar el promedio de estudiantes por salón de clases en cada país o, como en el caso de la gráfica de la derecha, los votos de un grupo no muy numeroso.

pentámino / pentomino

Rompecabezas cuyas piezas (12 diferentes) son figuras formadas por cinco cuadrados congruentes unidos por sus lados. El objetivo es formar cuadrados mayores con las piezas. Puedes girar, invertir o trasladar las piezas para acomodarlas de diferente manera.

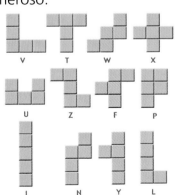

pictograma / pictograph

Consulta pictografía.

pie (ft) / foot (ft)

Unidad de longitud del sistema usual. Un pie equivale a 12 pulgadas. Usa esta unidad para medir cosas medianas como habitaciones, carros y albercas. Revisa la tabla de medidas en la página 125 para mayor información.

pinta (pt) / pint (pt)

Unidad de capacidad del sistema usual. Usa esta unidad para medir porciones medianas, como la cantidad de leche que necesitas para preparar un pastel, o la cantidad de agua que requieres para hacer una jarra de refresco. Una pinta es igual a 2 tazas. Revisa la tabla de medidas en la página 125 para mayor información.

pirámide / pyramid

Figura sólida geométrica formada por una base y varias caras triangulares. Las caras triangulares convergen en un vértice. La base debe ser un polígono. El nombre de la pirámide depende del tipo de polígono de que se trate. ¿Qué pasaría si en vez de un polígono tuvieras como base un círculo? Tendrías un cono. Consulta la tabla de fórmulas de la página 124.

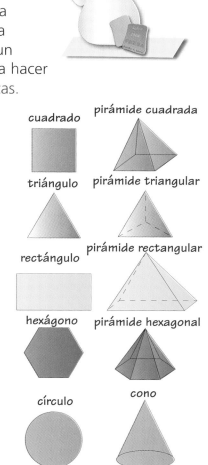

cuadrado — pirámide cuadrada

triángulo — pirámide triangular

rectángulo — pirámide rectangular

hexágono — pirámide hexagonal

círculo — cono

plano / plane

Superficie plana que se extiende indefinidamente en todas direcciones. En él se dibujan las figuras bidimensionales.

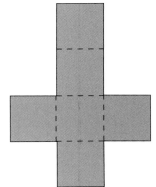

plantilla / net

Patrón que puedes recortar y doblar para formar una figura sólida geométrica. En una plantilla, las líneas punteadas te indican dónde doblar y las líneas continuas te indican dónde cortar. También puedes usar la plantilla para calcular el área total de una figura sólida geométrica.

poco probable / unlikely

Cuando la probabilidad de que ocurra un suceso es baja y tienes poca oportunidad de que ocurra el suceso. Imagina que compras un boleto para la rifa de un videojuego. Hay 200,000 boletos en la rifa. ¿Cuál es tu probabilidad de ganar el videojuego? Ya que hay 200,000 boletos, es poco probable que ganes. Tu probabilidad es de 1 en 200,000. Probabilidad (ganar videojuego) = 1/200,000.

polígono / polygon

Figura plana y cerrada compuesta de segmentos de recta. Cada segmento de recta se une a otros dos segmentos. El punto donde se unen dos segmentos de recta se llama vértice. El nombre de un polígono depende del número de lados que tiene.

¿Sabías que..?

La palabra polígono proviene del griego *poli*, que significa muchos, y *gonus*, que significa rodillas, o sea, ¡muchas rodillas! La relación entre rodillas y ángulos viene de la posición flexionada de una pierna que asemeja un ángulo. Entonces, polígono quiere decir varios ángulos.

3 lados	4 lados	5 lados	6 lados	7 lados	8 lados	9 lados	10 lados
Triángulo	Cuadrilátero	Pentágono	Hexágono	Heptágono	Octágono	Nonágono	Decágono

polígono regular / regular polygon

Polígono que tiene todos sus lados y ángulos iguales. Imagina que tienes los polígonos de 4 lados que se muestran en la figura de la derecha: rectángulo, rombo, cuadrado y trapecio. ¿Cuál de ellos es un polígono regular? El rectángulo no lo es porque sus lados no son todos iguales. El rombo tiene sus lados iguales pero los ángulos desiguales. El trapecio no tiene ni sus ángulos ni sus lados iguales. El cuadrado tiene sus ángulos y lados iguales. Entonces, el polígono regular de cuatro lados es el cuadrado.

Rectángulo Rombo

Trapecio Cuadrado

polígono irregular / irregular polygon

Polígono cuyos lados y ángulos no son iguales. Imagina que tienes los siguientes polígonos de tres lados: triángulo escaleno y triángulo equilátero. ¿Cuál de ellos es un polígono irregular? El triángulo equilátero tiene sus lados y ángulos iguales, por lo tanto, NO es un polígono irregular. El triángulo escaleno tiene sus lados y ángulos diferentes, por lo tanto, es un polígono irregular.

Triángulo equilátero

Triángulo escaleno

polígonos congruentes / congruent polygons

Polígonos que tienen el mismo tamaño y la misma forma pero no necesariamente están en la misma posición. Si a uno de los polígonos lo inviertes, giras o trasladas y coincide con el otro, quiere decir que son polígonos congruentes. Puedes aplicar más de un movimiento para hacer coincidir las figuras.

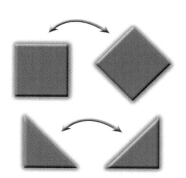

polígonos similares / similar polygons

Polígonos que tienen la misma forma pero no necesariamente el mismo tamaño ni están en la misma posición. Puedes invertir, girar o trasladar uno de los polígonos para compararlos más fácilmente. Si agrandas o reduces de tamaño un polígono, obtendrás un polígono similar al original.

porcentaje (%) / percent (%)

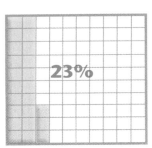

23%

Razón que compara un número con 100. Observa el cuadrado de la derecha. ¿Cuál es la razón de cuadros sombreados con los 100 cuadros totales? Hay 23 cuadros sombreados por lo que la razón es 23 a 100. Otra manera de expresarlo es 23 por 100. El símbolo % significa por ciento, entonces puedes escribir la razón como "23% de los cuadros están sombreados".

porcentaje de referencia / benchmark percent

Valor de referencia expresado como porcentaje. Como los valores de referencia usan fracciones, puedes convertir la fracción a decimal y después multiplicar por 100. En el ejemplo de valor de referencia (pág. 121), el valor de referencia del envase B es de $\frac{1}{4}$, convertido a decimal, 0.25. Multiplica $0.25 \times 100 = 25$. Entonces, el envase B se encuentra lleno a un 25% de su capacidad total.

posibilidad / chance

En un experimento, razón que existe entre el número de resultados favorables y el número de resultados desfavorables. Por ejemplo, al tirar una moneda al aire, la posibilidad de que salga cara es 1 a 1 ó $\frac{1}{1}$. Quiere decir que tienes un resultado favorable (cara) contra un resultado desfavorable (cruz).

No te confundas

La **probabilidad** es el número de resultados favorables entre el número total de resultados. En el caso de la moneda, es $\frac{1}{2}$. Quiere decir 1 resultado favorable de 2 resultados posibles.

posible / possible

Hay cierta probabilidad de que ocurra un suceso. Tienes algunas oportunidades de que ocurra el suceso. Imagina que tienes una ruleta dividida en cuatro partes de color distinto: rojo, verde, azul y amarillo. ¿Cuál es la probabilidad de que si giras la ruleta caiga en azul? Es posible que ganes, ya que el azul es uno de los cuatro colores; o sea, la probabilidad es 1 de 4. Probabilidad (de que caiga azul) $= \frac{1}{4}$.

potencias de diez / powers of ten

Resultado de multiplicar el 10 tantas veces como lo indique el exponente. Por ejemplo, si tienes una expresión de la forma 10^3, quiere decir que debes multiplicar $10 \times 10 \times 10 = 1,000$. Los valores posicionales están relacionados con las potencias de 10. Observa la gráfica de la derecha. Cada vez que te mueves un lugar posicional a la izquierda la potencia de diez aumenta en uno. Entonces, puedes expresar un número como la suma de sus potencias de 10. Por ejemplo, 23,459 puede expresarse como $2 \times 10^4 + 3 \times 10^3 + 4 \times 10^2 + 5 \times 10^1 + 9 \times 10^0$. Es parecido a expresar el número en su forma desarrollada.

Millones	10^6
Centena de millar	10^5
Decena de millar	10^4
Millares	10^3
Centenas	10^2
Decenas	10^1
Unidades	10^0

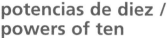

No te confundas

Cualquier número con exponente 0 es siempre igual a 1. Si tienes $4 \times 10^0 = 4 \times 1 = 4$.

preálgebra / algebra readiness

Pre es un prefijo que significa "antes". Entonces, *pre*álgebra significa antes de estudiar álgebra o las bases que necesitas para entender el álgebra.

predecir / predict
Consulta pronóstico.

predicción / prediction
Consulta pronóstico.

pregeometría / geometry readiness
Pre es un prefijo que significa "antes". Entonces, *pre*geometría significa antes de estudiar geometría o las bases que necesitas para entender la geometría.

prisma / prism
Figura sólida geométrica que tiene dos polígonos congruentes como bases, y éstas son paralelas. Las caras restantes deben ser paralelogramos. Las figuras de la derecha son ejemplos de prismas. Consulta la tabla de fórmulas de la página 124.

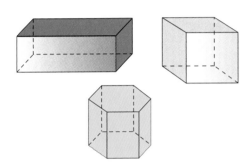

prisma rectangular / rectangular prism
Figura sólida geométrica cuyas seis caras son rectángulos. Consulta la tabla de fórmulas de la página 124.

probabilidad / probability
Razón que te indica el número de resultados favorables entre el número de resultados posibles en un experimento. La probabilidad la puedes expresar como una fracción. Imagina que tiras un dado y ganas si sale 4. La probabilidad de que salga 4 es 1 entre los resultados posibles, que son 6. Probabilidad (de que salga 4) $= \frac{1}{6}$.

probabilidad empírica / experimental probability

Probabilidad que se basa en los resultados de experimentos. Imagina que tienes una bolsa con 4 canicas: roja, azul, verde y amarilla. Metes la mano en la bolsa y sacas una canica, apuntas su color y la devuelves. Repites el experimento 10 veces. Los resultados se muestran a la derecha. La probabilidad empírica de sacar una canica roja es de $\frac{3}{10}$. Revisa probabilidad prevista.

Tabla con intentos:
1: roja
2: azul
3: amarilla
4: roja
5: verde
6: verde
7: roja
8: amarilla
9: azul
10: amarilla

probabilidad prevista / expected probability

Probabilidad de un resultado si realizas el experimento un número indefinido de veces. Imagina que el ejemplo de las canicas de arriba lo cambias a 100 intentos y después a 1,000 intentos. ¿Qué crees que ocurra? La probabilidad empírica se irá acercando a $\frac{1}{4}$, que es la probabilidad prevista de sacar la canica roja de entre 4. Probabilidad (de canica roja) $= \frac{1}{4}$.

probable / likely

La probabilidad de que ocurra un suceso es grande. Tienes muchas oportunidades de que ocurra el suceso. Imagina que tienes una ruleta dividida en cuatro partes de color distinto: rojo, verde, azul y amarillo. ¿Cuál es la probabilidad de que, si giras la ruleta, caiga en un color diferente del rojo? Es probable que ganes, ya que tienes 3 de 4 opciones para ganar. Probabilidad (de un color diferente al rojo) $= \frac{3}{4}$.

producto / product

El resultado de multiplicar dos o más factores.

factores

$$3 \times 4 = 12$$

producto

producto cruzado / cross product

Resultado de multiplicar el numerador de la fracción 1 por el denominador de la fracción 2 y el denominador de la fracción 1 por el numerador de la fracción 2. Si los productos son iguales, las fracciones son fracciones equivalentes.

Fracción 1 · · · · · · · · Fracción 2

$$\frac{4}{5} \otimes \frac{12}{15} = 60 \\ = 60$$

producto parcial / partial product

Método por el cual multiplicas las unidades, decenas y centenas por separado y después sumas los productos.

Ejemplo: $43 \times 6 = 6 \times 3 + 6 \times 40 = 18 + 240 = 258.$

promedio / average

Consulta media.

pronóstico / prediction

Predicción de lo que puede ocurrir. Te basas en la probabilidad para hacer un pronóstico. Imagina que en una temporada, cuando los Dallas Cowboys anotan primero que sus oponentes, ganan el partido 7 de 9 veces. Imagina que estás viendo un partido de Dallas y anotan primero. Puedes predecir que van a ganar, pues por lo general ganan cuando anotan primero.

propiedad / property

Característica que puedes aplicar de la misma manera a cualquier ecuación que sea similar. Consulta los diferentes tipos de propiedades.

propiedad asociativa de la multiplicación / associative property of multiplication

Si tienes más de dos términos en una multiplicación, no importa cómo los agrupes, el producto siempre será el mismo.

$(3 \times 2) \times 50 = 3 \times (2 \times 50)$.

En el ejemplo anterior, puedes ver que es más fácil multiplicar primero $2 \times 50 = 100$ y después multiplicar por 3, lo que da 300.

propiedad asociativa de la suma / associative property of addition

Si tienes más de dos sumandos en una suma, no importa cómo los agrupes, el resultado siempre será el mismo.

$(33 + 5) + 5 = 33 + (5 + 5)$.

En el ejemplo anterior, es más fácil sumar primero $5 + 5 = 10$ y después sumarle 33, lo que da 43.

propiedad conmutativa de la multiplicación / commutative property of multiplication

Propiedad que te permite cambiar el orden de los términos en una multiplicación sin que se cambie el producto.

$2 \times 5 \times 8 = 8 \times 5 \times 2 = 5 \times 2 \times 8$.

Te sirve para acomodar los términos de tal manera que te sea más fácil realizar la operación.

propiedad conmutativa de la suma / commutative property of addition

Propiedad que te permite cambiar el orden de los términos en una suma sin que se cambie el resultado.

$2 + 5 + 8 = 8 + 5 + 2 = 5 + 2 + 8$.

Te sirve para acomodar los términos de tal manera que te sea más fácil realizar la operación.

propiedad de agrupación de la multiplicación / grouping property of multiplication

Consulta propiedad asociativa de la multiplicación.

propiedad de agrupación de la suma / grouping property of addition

Consulta propiedad asociativa de la suma.

propiedad de la unidad (identidad) en la multiplicación / identity property of multiplication

El producto de cualquier número por 1 es siempre igual al número.
El 1 conserva la identidad del número (su valor) en una multiplicación.

$$23 \times 1 = 23 \qquad (34 \times 2) \times 1 = (34 \times 2)$$

propiedad de la unidad (identidad) en la suma / identity property of addition

La suma de cualquier número más 0 es siempre igual al número.
El 0 conserva la identidad del número (su valor) en una suma.

$$12 + 0 = 12 \qquad (13 + 5) + 0 = (13 + 5)$$

propiedad de orden en la multiplicación / order property of multiplication

Consulta propiedad conmutativa de la multiplicación.

propiedad del cero en la multiplicación / zero property of multiplication

El producto de cualquier número por 0 es siempre igual a 0.

$$23 \times 0 = 0 \qquad (34 \times 45 \times 234) \times 0 = 0$$

propiedad del cero en la suma / zero property of addition

Consulta propiedad de la unidad de la suma.

propiedad del uno en la multiplicación / property of one of multiplication

Consulta propiedad de la unidad en la multiplicación.

propiedad distributiva / distributive property

Multiplicar una suma agrupada en paréntesis por un número es igual que multiplicar cada sumando por el número y después sumar los productos.

$$9 \times (5 + 8) = (9 \times 5) + (9 \times 8)$$

Te sirve para acomodar los términos de tal manera que te sea más fácil realizar la operación.

proporción / proportion

Ecuación que te indica que dos razones son iguales.

Ejemplo: confirma que $\frac{3}{4} = \frac{9}{12}$ forma una proporción. Usa productos cruzados para saber si son fracciones equivalentes: $3 \times 12 = 36$ y $4 \times 9 = 36$. Los productos son iguales, entonces son fracciones equivalentes. Como las fracciones son equivalentes se trata de razones iguales; por lo tanto, se trata de una proporción.

prueba y comprueba / guess and check

Ve a la página 37.

pulgada (pulg) / inch (in.)

Unidad básica de longitud del sistema usual. Usa esta unidad para medir longitudes pequeñas como lápices, la altura de latas y envases, etc. Revisa la tabla de medidas en la página 125 para mayor información.

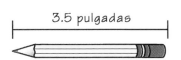

3.5 pulgadas

pulgada cuadrada / square inch

Unidad que se usa para medir el área de una figura plana o bidimensional, por lo general figuras pequeñas como portadas de libros, superficies de escritorios, etc. Por ejemplo, la portada de tu libro de texto de matemáticas tiene un área de 99 pulgadas cuadradas (11 pulg por 9 pulg). Revisa la definición de pulgada.

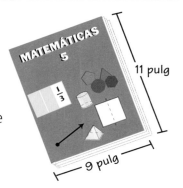

pulgada cúbica / cubic inch

Unidad que se usa para medir el volumen de una figura sólida geométrica o tridimensional, por lo general de figuras pequeñas como cubos, latas de comida, etc. Repasa la definición de pulgada.

pulso / pulse

En un cuadrado mágico, la suma de cada columna, diagonal o hilera del cuadrado.

punto / point

Lugar en el espacio que no tiene dimensión y que indica una posición exacta. Marcar un punto ya sea en un espacio unidimensional, bidimensional o tridimensional sólo para indicar un lugar pero no tiene ni longitud ni área ni volumen. Un conjunto de puntos forma una figura.

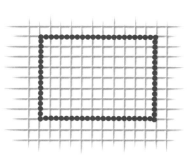

punto decimal / decimal point

Símbolo que se utiliza para separar los enteros de los decimales en un número decimal. Cuanto más a la izquierda del punto decimal se encuentre el dígito tendrá mayor valor y cuanto más a la derecha se encuentre tendrá menor valor.

Punto decimal

345.67

radio / radius

La distancia que hay entre el centro de un círculo y cualquier punto en la circunferencia. Dos veces el radio es el diámetro del círculo.

rama / branch

En un diagrama de árbol, cada resultado posible de un suceso. Observa el diagrama de árbol de la derecha. Las dos ramas representan los resultados posibles (cara y cruz) al lanzar una moneda.

rama

Inicio

rango / range

La diferencia entre el número mayor y el número menor de un conjunto de datos. Observa la gráfica de puntos de la derecha. El rango de esta gráfica lo calculas restando al número mayor, que es 1,000, el menor, que es 400; entonces, el rango es $1,000 - 400 = 600$.

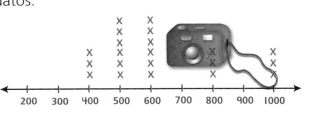

Precio de cámaras digitales de más de 2 megapixeles

rayo / ray

Porción de recta que comienza en un extremo y se extiende indefinidamente en una dirección. El punto indica el inicio del rayo y la flecha indica que no termina.

rayo final / terminal ray

Rayo en el que termina un ángulo. Imagina que los rayos están originalmente juntos (rayo inicial). Después, giras uno de los rayos a la posición deseada (rayo final). El espacio que se crea entre los dos rayos es el ángulo.

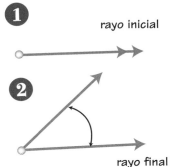

① rayo inicial

②

rayo final

rayo inicial / initial ray

Rayo en el que comienza un ángulo. Un ángulo se compone de dos rayos y un vértice. Imagina que los rayos están originalmente juntos (rayo inicial). Después giras uno de los rayos a la posición deseada (rayo final). El espacio que se crea entre los dos rayos es el ángulo.

razón / ratio

Manera de escribir una comparación entre dos cantidades. Imagina que en el zoológico de tu ciudad hay 8 tigres y 16 leones. Si quieres expresar cuántos tigres hay en el zoológico con respecto a leones, debes usar una razón. Hay 8 tigres contra 16 leones, o bien, 8 a 16.

Otras maneras de expresar una razón son 8:16 y $\frac{8}{16}$. Puedes simplificar la fracción $\frac{8}{16}$ a $\frac{1}{2}$. Entonces, puedes decir que la razón de tigres a leones es de 1 a 2.

razonable / reasonable

Consulta respuestas razonables.

razones iguales / equal ratios

Dos razones que expresadas como fracción son fracciones equivalentes. Imagina que en el zoológico hay 8 tigres, 16 leones, 6 cocodrilos y 12 tortugas. ¿Es la razón de tigres a leones igual a la que hay entre cocodrilos y tortugas?

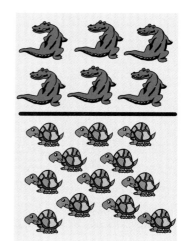

Razón de tigres a leones: $\frac{8}{16}$
Razón de cocodrilos a tortugas: $\frac{6}{12}$

Obtén los productos cruzados de las fracciones: $8 \times 12 = 96$ y $16 \times 6 = 96$. Como los productos son iguales, las fracciones son equivalentes; entonces, son razones iguales.

recta / line

Línea que tiene todos sus puntos alineados en la misma dirección y se prolonga indefinidamente en ambos sentidos. Una recta es unidimensional, ya que los puntos se encuentran alineados en una sola dimensión.

recta diagonal / diagonal line
Consulta diagonal.

recta numérica / number line
Recta que tiene una escala numérica y te sirve para comparar y ordenar números. Las flechas de los extremos te indican que la recta no tiene fin. Por lo general, la recta numérica tiene en el centro el 0, a la derecha los números positivos y a la izquierda los números negativos.

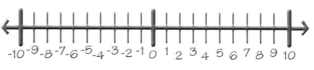

rectángulo / rectangle
Cuadrilátero en el que los lados opuestos son paralelos y de la misma longitud. Sus ángulos deben ser rectos. Los dos pares de lados paralelos no necesariamente tienen que ser de la misma longitud. Consulta la tabla de fórmulas de la página 124.

rectas paralelas / parallel lines
Rectas que nunca se cruzan y se encuentran en el mismo plano. Estas rectas no tienen ningún punto en común. Imagina las vías del tren. Éstas nunca se cruzan; son paralelas.

rectas perpendiculares / perpendicular lines
Rectas que se cruzan formando un ángulo recto y están en el mismo plano. Estas rectas tienen un punto en común. Imagina dos calles que se cruzan. Las dos calles son perpendiculares, ya que forman un ángulo recto.

rectas que se cruzan / skew lines
Consulta rectas sesgadas.

rectas secantes / intersecting lines

Rectas que se cruzan y están en el mismo plano. No necesariamente forman un ángulo recto. Estas rectas tienen un punto en común.

rectas sesgadas / skew lines

Rectas que se cruzan pero no tienen ningún punto en común ya que se encuentran en planos diferentes. Observa el dibujo de la derecha. La recta que se forma entre el techo y la pared de la habitación y la recta que se forma en la esquina de las dos paredes nunca se cortan ya que están en diferentes planos.

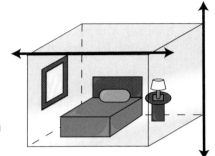

redondear / round

Procedimiento que realizas con los números para facilitar los cálculos mentales.

reflexión / flipping

Consulta invertir.

regla / ruler

Instrumento de forma rectangular que sirve para medir longitudes, por lo general en centímetros y pulgadas.

reloj analógico / analog clock

Instrumento que sirve para medir el tiempo. Su mecanismo se basa en engranes que mueven las manecillas. Este reloj tiene tres manecillas: El horario que marca las horas, el minutero que marca los minutos y el segundero que, ¡adivinaste!, marca los segundos. Una vuelta completa del segundero

Minutos

Segundos

Horas

(60 segundos) hace que el minutero se mueva una posición. Una vuelta completa del minutero (60 minutos) hace que el horario se mueva una posición. El horario se mueve 12 posiciones (12 horas) para completar una vuelta. Dos vueltas del horario equivalen a un día completo. La primera vuelta es am y la segunda es pm.

reloj de 24 horas / 24-hour clock

Instrumento que sirve para medir el tiempo. Su mecanismo se basa en engranes que mueven las manecillas. Este reloj tiene tres manecillas: El horario que marca las horas, el minutero que marca los minutos y el segundero que, ¡adivinaste!, marca los segundos. Una vuelta completa del segundero (60 segundos) hace que el minutero se mueva una posición. Una vuelta completa del minutero (60 minutos) hace que el horario se mueva una posición. El horario se mueve 24 posiciones para dar una vuelta completa. Una vuelta del horario equivale a un día completo.

reloj digital / digital clock

Instrumento que sirve para medir el tiempo. Su mecanismo se basa en circuitos electrónicos como los de las computadoras, y marca la hora con números en una pantalla. Por lo general, sólo marca las horas y los minutos. Cada 60 segundos, el número de los minutos se incrementa en uno. Cada vez que el número de los minutos llega a 60, se pone en cero y aumenta en uno la hora. Por lo general se marca con un punto si es am o pm.

residuo / remainder

En una división, número que queda después de hallar el cociente. Recuerda que la división te dice cuántos grupos iguales puedes formar de un número específico de elementos. Pero, ¿qué pasa si te sobran elementos sin que puedas completar otro grupo? Estos elementos sobrantes son el residuo de la división. Imagina que cuatro amigos y tú van a un restaurante mexicano y piden un paquete especial de 28 tacos. Si quieren comer la misma cantidad de tacos, ¿cuántos tacos le tocan a cada uno? Divide 28 tacos entre 5 personas. A cada persona le tocan 5 tacos. Sobran 3 tacos porque no puedes darle otro taco a nadie sin que a alguien no le toque.

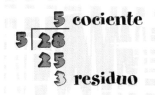

residuo

$$\begin{array}{r} 5 \text{ cociente} \\ 5\,\overline{)\,28} \\ 25 \\ \hline 3 \text{ residuo} \end{array}$$

respuestas razonables / reasonableness of answers

Resultado que tiene sentido con respecto al problema. Imagina que organizas una fiesta en un restaurante italiano con 5 amigos y van a comer pizzas. Cada pizza tiene 8 rebanadas y, en promedio, cada persona come 3 rebanadas. ¿Cuántas pizzas debes comprar?

A 10 pizzas   B 50 pizzas   C 3 pizzas

La única respuesta razonable es 3 pizzas, por la cantidad de amigos que invitaste. 10 o 50 pizzas no es razonable porque le tocaría más de una pizza completa a cada uno.

resta / subtraction

Operación que te sirve para separar elementos de un grupo. Imagina que estás en una fiesta donde hay 10 personas. Al dar las 8 pm se retiran 3 personas. ¿Cuántas personas quedan en la fiesta después de las 8 pm? El grupo inicial son las 10 personas y los elementos que se separan del grupo son 3.

$10 - 3 = 7$

Después de las 8 pm quedaron 7 personas.

La operación inversa de la resta es la suma.

resultado / outcome

Consulta resultados posibles.

resultados favorables / favorable outcome

Número de maneras en que puede ocurrir el suceso deseado en un experimento. Son las opciones que tienes de ganar. Imagina que tiras un dado. ¿Cuál es la probabilidad de que obtengas un número par? Los resultados posibles son 6: que caiga 1, que caiga 2, que caiga 3, que caiga 4, que caiga 5 y que caiga 6. Los resultados favorables en este experimento son 3: que caiga 2, que caiga 4 y que caiga 6. O sea 3 de 6. Probabilidad (de que salga número par) = $\frac{3}{6}$.

resultado más probable / more likely

El resultado que tiene más probabilidad de ocurrir. Observa la ruleta de la derecha. Si giras la ruleta, el resultado más probable es que caiga en rojo, ya que hay 3 partes (3 de 6) de este color. Probabilidad (de que salga rojo) = $\frac{3}{6}$.

resultado menos probable / less likely

El resultado que tiene menos probabilidad de ocurrir. Observa la ruleta de la derecha. Si giras la ruleta, el resultado menos probable es el verde, ya que sólo hay una parte verde, (1 de 6), contra dos partes amarillas (2 de 6) y 3 partes azules (3 de 6). Probabilidad (de que salga verde) = $\frac{1}{6}$.

resultados equiprobables / equally likely

A

Resultados que tienen la misma probabilidad de ocurrir. Observa las dos ruletas A y B. En la ruleta A, todos los resultados posibles son equiprobables, ya que todos tienen la misma probabilidad (1 de 6). En la ruleta B, en cambio, hay dos partes azules, así que la probabilidad de que salga azul es más alta (2 de 6) que las demás (1 de 6).

B

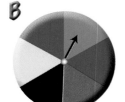

resultados posibles / possible outcomes

Los diferentes resultados que pueden ocurrir en un experimento. Imagina que tienes una ruleta dividida en cuatro partes de color distinto: rojo, verde, azul y amarillo. Si giras la ruleta, ¿cuáles son los resultados posibles? Los resultados posibles son cuatro: que caiga en rojo, que caiga en verde, que caiga en azul y que caiga en amarillo.

revoluciones por minuto (RPM) / revolutions per minute

Manera de medir la velocidad de un objeto que gira circularmente. Revoluciones significa vueltas, así que RPM es vueltas por minuto. Cuando escuchas un CD, éste da vueltas en el reproductor de CD, a una velocidad de ¡alrededor de 7,000 revoluciones por minuto!

¿Sabías que..?

Antes de los CD, los discos eran del tamaño de un plato, se les llamaba LP y giraban a una velocidad de 33 RPM.

rombo / rhombus

Cuadrilátero que tiene dos pares de lados paralelos. Todos los lados tienen la misma longitud. Sus ángulos no necesariamente son rectos. Consulta la tabla de fórmulas de la página 124.

rotación / rotation (turn)

Consulta hacer girar.

rótulo / title

Palabras que te orientan sobre los elementos de una gráfica. Observa la gráfica de barras de la derecha. El rótulo del eje vertical te indica que se trata de dólares. El rótulo del eje horizontal te dice que se trata del tipo de comidas.

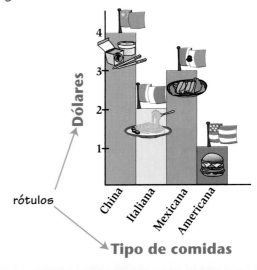

Dólares

rótulos

China Italiana Mexicana Americana

Tipo de comidas

secuencia / pattern
Consulta patrón.

segmento de recta / line segment

Segmentos de recta AB

Porción de una recta que tiene dos extremos.
A diferencia de una recta y de un rayo, el
segmento tiene principio y fin. El nombre que
recibe el segmento de recta es la unión del nombre de los
dos extremos. Si los extremos se llaman A y B, entonces
el segmento de recta se llama AB.

segmentos paralelos / parallel line segments

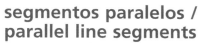

AB es paralelo a CD

Segmentos de recta que son paralelos.
Es básicamente lo mismo que rectas
paralelas, la única diferencia es que los
segmentos tienen inicio y fin (extremos), mientras que las rectas
se extienden indefinidamente. Los lados de una regla son ejemplos de
segmentos paralelos. El segmento AC es paralelo al segmento BD.

segmentos perpendiculares / perpendicular line segments
Segmentos de recta que son perpendiculares. Es básicamente lo
mismo que rectas perpendiculares, la única diferencia es que los
segmentos tienen inicio y fin (extremos), mientras que las rectas se
extienden indefinidamente. En el ejemplo de la regla de arriba,
el segmento AC es perpendicular al segmento CD.

segundo (s) / second (s)
Unidad de medida básica del tiempo. Un minuto equivale a 60 segundos.

seguro / certain
Un suceso es seguro si la probabilidad de que ocurra es total. Tienes toda
la oportunidad de que ocurra el suceso. Imagina que tienes un recipiente
con esferas numeradas 2, 4, 6, 8 y 10. ¿Cuál es la probabilidad de que
saques una esfera par? Como todos los números son pares, es seguro
que ganarás, o sea, tu probabilidad es de 5 a 5 = 1.

semicírculo / semicircle

Círculo cortado por su diámetro. Cualquiera de las dos partes resultantes del corte es un semicírculo. Equivale exactamente a la mitad de un círculo.

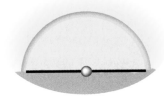

sesgadas / skew

Consulta rectas sesgadas.

siglo / century

Unidad de tiempo que equivale a 100 años.

símbolo / symbol

Elemento gráfico que indica una acción o una relación entre elementos.

símbolo de igualdad (=) / equal symbol (=)

Símbolo que te indica que el término de la derecha es igual al término de la izquierda. Consulta ecuación.

simetría / symmetry

Ve a la página 17.

simetría axial / line symmetry

Cuando divides una figura en dos partes y las dos figuras resultantes son congruentes, la figura tiene simetría axial. La recta que divide la figura es el eje de simetría.

simetría central / rotational symmetry

Si giras una figura menos de una vuelta completa y todos los puntos de la figura resultante tienen correspondencia con la figura original, la figura tiene simetría central. Recuerda que es la misma figura, pero la giras para que coincida con la forma original.

simetría rotacional / rotational symmetry

Consulta simetría central.

simplificar el problema / solve a simpler problem
Ve a la página 38.

simplificar / simplify
Reducir una fracción a su mínima expresión. Revisa mínima expresión para que aprendas a simplificar fracciones.

simulación / simulation
Realizar un proceso simple que representa un proceso más complejo. Cuando aprendes a pilotar un avión usas un simulador de avión para practicar, ya que es más sencillo y ¡seguro! ¿Viste la película Space Cowboys? Antes de subirse al trasbordador, los pilotos utilizaron un simulador de vuelo para practicar.

Fuente: NASA

sistema métrico / metric system
Sistema de medidas que se usa en casi todo el mundo. Este sistema de medidas se basa en el metro, el litro y el kilogramo. La ventaja de este sistema frente al sistema usual es que es más sencillo hacer conversiones entre medidas, ya que sólo tienes que multiplicar o dividir por 10, 100 o 1,000. Revisa la tabla de medidas en la página 126 para mayor información.

sistema de numeración / numeration system
Manera de contar y nombrar números. A través del tiempo han existido muchos sistemas de numeración. Numeración romana, numeración egipcia, etc. El sistema de numeración que usamos actualmente se basa en 10 dígitos y el valor posicional, es decir, el valor de los dígitos depende de su posición. Las computadoras manejan un sistema de numeración basado únicamente en 1 y 0.

sistema usual / customary system
Sistema de medidas que se usa en Estados Unidos y Gran Bretaña. Este sistema de medidas se basa en la pulgada, la onza y la libra. Revisa la tabla de medidas en la página 125 para mayor información.

sobrevaluar / overestimate

Hacer un cálculo aproximado de un resultado, de forma que sea mayor que el resultado real. Debes sobrevaluar cuando por alguna razón no puedes pasarte de la cantidad real porque no te alcanzaría. Imagina que tienes ahorrados 25 dólares y quieres comparar 5 CD. Cada CD cuesta $ 5.59. Rápidamente haces una estimación: si redondeo 5.59 a 5 y lo multiplico por los 5 CD me da 25 dólares. Tu estimación es incorrecta debido a que cuentas con una cantidad fija y no te va a alcanzar para comprar los CD. Debes sobrevaluar los CD para asegurar que te alcance el dinero al momento de pagar. Redondea 5.59 a 6. Entonces, $6 \times 5 = 30$ dólares. No te alcanza para comprar 5 CD. Debes comprar 4.

sólido geométrico / solid figure

Consulta figura sólida geométrica.

subvaluar / underestimate

Hacer un cálculo aproximado de un resultado de forma que sea menor que el resultado real. Imagina que estás ahorrando para asistir al viaje escolar anual. El viaje cuesta 200 dólares y trabajas cuidando niños los fines de semana. Cobras 12 dólares la noche. ¿Cuántas noches tienes que trabajar cuidando niños? Redondeas los 12 dólares a 10 para hacer una división rápida: $200 \div 10 = 20$. Requieres unas 20 noches para juntar el dinero. Estás subvaluando la paga por noche para asegurar que te alcance el dinero para tu viaje.

sucesión de Fibonacci / Fibonacci sequence

Patrón de números en la que el siguiente número del patrón es la suma de los dos números anteriores.

0, 1, 1, 2, 3, 5, 8, 13, …

¿Sabías que..?

La persona que inventó este patrón no se llamaba Fibonacci; se llamaba Leonardo de Pisa y creó este patrón hace más de 750 años.

suceso / event

Cualquier conjunto de resultados posibles en un experimento de probabilidad. Imagina que tiras un dado y ganas si cae en número par. Un suceso es que caiga en número par (2, 4 ó 6).

suma / addition

Operación que te sirve para combinar grupos de elementos. Los grupos no tienen que ser del mismo tamaño. Imagina que vas a un acuario y en un espectáculo hay 4 orcas, 7 delfines y 4 focas. ¿Cuántos animales hay en total? Tienes 3 grupos de animales: orcas, delfines y focas. Tienes que combinarlos para saber el número total de animales.

$4 + 7 + 4 = 15.$

Hay 15 animales en total participando en el espectáculo.

La operación inversa de la suma es la resta.

Qué + significa

La suma es el resultado de la operación de sumar dos o más sumandos.

sumando / addend

Cualquiera de los números que componen una operación de suma. Cada número es un sumando de la suma.

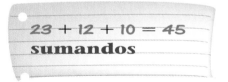

$23 + 12 + 10 = 45$
sumandos

superficie / surface

Lugar donde sólo puede haber figuras planas. Sólo existen 2 dimensiones, altura y anchura. Revisa bidimensional.

tabla de conteo / tally table

Tabla que te sirve para llevar la cuenta en una encuesta. Imagina que en la escuela te piden que averigües cuántos niños y niñas van al zoológico el sábado. Te paras en la entrada del zoológico y en una hoja haces una marca de conteo por cada niño o niña que entre. Al final del día tendrás la tabla de conteo de todos los niños que entraron al zoológico.

tabla de frecuencia / frequency table

Es una tabla de conteo, pero incluye una columna de frecuencia acumulada. Imagina que debes hacer una gráfica de los alumnos que entran en la cafetería de tu escuela. La tabla de frecuencia debe incluir una columna en la que marcas las personas que entran cada día y otra columna (frecuencia acumulada) donde vas sumando el total de los alumnos que han entrado hasta ese día. Si observas la

Cafetería	Frecuencia	Frecuencia acumulada
Lunes	10	10
Martes	12	22
Miércoles	8	30
Jueves	12	42
Viernes	10	52

tabla de frecuencia de la derecha, verás que, el martes, la columna de frecuencia acumulada es la suma del lunes y el martes.

tabla de razones / ratio table

Tabla que muestra un conjunto de razones iguales, por lo general ordenadas de manera ascendente o descendente.

1	2	3	4	5	6	7
5	10	15	20	25	30	35

Puedes hacer una tabla de razones iguales a partir de cualquier razón dada. Observa la tabla de la derecha; la razón inicial es $\frac{1}{5}$: 1 equipo con 5 jugadores. Si la multiplicas por $\frac{2}{2}$ obtienes una razón igual. Después, la multiplicas por $\frac{3}{3}$, y así sucesivamente. Al final obtienes una tabla de razones iguales.

tallo / stem

En un diagrama de tallo y hojas, la parte de la tabla que muestra las decenas de las cantidades. Las unidades las muestran las hojas.

tanagrama / tangram

Juego que consiste en un rectángulo recortado en siete piezas de lados rectos. Se trata de acomodar las siete piezas de tal manera que formen una figura dada. A tu derecha puedes observar un tanagrama con una figura definida y un libro que te indica las figuras que puedes formar. Este juego se originó en China hace muchos años y hasta la actualidad se sigue jugando. Tú puedes hacer un tanagrama dibujando un rectángulo y recortándolo en siete piezas diferentes. Después, puedes acomodar las piezas para formar figuras.

taza (c) / cup (c)

Unidad de capacidad del sistema usual. Usa esta unidad para medir porciones medianas como la cantidad de leche que necesitas para preparar un pastel, o la cantidad de agua que requieres para hacer una jarra de refresco. Una taza es igual a 8 onzas líquidas. Revisa la tabla de medidas en la página 125 para mayor información.

taza graduada / measuring cup

Taza con marcas que te sirve para calcular la cantidad líquida que requieres. Estas tazas vienen graduadas en tazas y en onzas líquidas.

1 taza

temperatura / temperature

Medida que nos dice qué tan caliente o frío está un cuerpo. El cuerpo puede ser cualquier objeto: un perro, una roca, el Sol, el aire, Tú, etc.

¿Sabías que..?

El centro del Sol se encuentra a una temperatura de 40 millones de grados Celsius.

teselación / tessellation

Cuando repites una figura cerrada varias veces
y las puedes acomodar sin traslaparlas y sin
que queden espacios entre las figuras. La
figura resultante es un teselado de la figura
geométrica original. Observa la teselación de
la derecha. La figura cerrada es un hexágono
que se repite y acomoda sin dejar espacios.

termómetro / thermometer

Instrumento que sirve para medir la temperatura.
Algunos termómetros tienen de un lado una
escala en grados Fahrenheit (°F) y del otro una
escala en grados Celsius (°C). Para convertir
entre grados Fahrenheit y grados Celsius utiliza
las siguientes fórmulas:

$$°C = (°F - 32) \times 9 / 5$$

$$°F = (°C \times 5 / 9) + 32$$

tiempo transcurrido / elapsed time

Tiempo que ha pasado entre la hora inicial y la hora final.

Ejemplo: Eric llegó a las 2:45 pm a casa de Tom. A las 5:30 pm se
fueron al cine. ¿Cuál fue el tiempo transcurrido desde que
llegó Eric hasta que se fueron al cine? Un procedimiento
matemático para calcular el tiempo transcurrido es el
siguiente:

A Si minutos final < minutos inicial:
1. Horas = Hora final − hora inicial − 1.
2. Minutos = 60 − (minutos inicial − minutos final).

B Si minutos final > ó = minutos inicial:
  1. Horas = Hora final − hora inicial
  2. Minutos = minutos final
     − minutos inicial.

HORA INICIAL

HORA FINAL

En el ejercicio, 30 < 45

Horas = 5 − 2 − 1 = 2 horas
Minutos = 60 − (45 − 30) = 60 − 15 = 45

TIEMPO TRANSCURRIDO

Tiempo transcurrido = 2 horas 45 minutos.

tonelada (T) / ton (T)

Unidad de peso del sistema usual. Una tonelada equivale a 2,000 libras. Usa esta unidad para medir el peso de objetos realmente grandes como carros, barcos, ballenas, etc. Debes tener cuidado, ya que la tonelada métrica en el sistema métrico equivale a más de 2,000 libras. Son diferentes unidades. Revisa la tabla de medidas en la página 125 para mayor información.

tonelada métrica (t) / metric ton (t)

Unidad de masa del sistema métrico. Una tonelada métrica equivale a 1,000 kilogramos. Usa esta unidad para medir la masa de objetos realmente grandes como carros, barcos, ballenas, etc. Debes tener cuidado, ya que la tonelada en el sistema usual equivale a menos de 1,000 kilogramos. Son diferentes unidades. Revisa la tabla de medidas en la página 126 para mayor información.

transformación / transformation

Movimiento permitido sobre una figura para confirmar si dos figuras son congruentes. Existen tres tipos de transformaciones: hacer girar, reflejar y trasladar. Recuerda que puedes aplicar más de una transformación para confirmar la congruencia de figuras.

transportador / protractor

Instrumento en forma de semicírculo con una escala que sirve para medir o trazar ángulos. Para dibujar un ángulo con la ayuda del transportador sigue estos pasos:

1. Coloca el transportador sobre una hoja de papel de tal manera que la base del transportador quede horizontal.
2. Con tu lápiz, dibuja una línea horizontal desde el centro de la base del transportador hacia la derecha (acabas de dibujar el rayo inicial).
3. Sobre la curva del transportador, marca un punto en los grados que quieres que tenga tu ángulo.
4. Quita el transportador y, con una regla, dibuja una recta que una el vértice con el extremo que marcaste en el punto 3 (acabas de dibujar el rayo final).
5. Agrega una punta de flecha a los dos segmentos de recta y rotula el ángulo con su dimensión.

trapecio / trapezoid

Cuadrilátero que tiene al menos un par de lados paralelos. Consulta la tabla de fórmulas de la página 124.

traslación / translation

Consulta trasladar.

trasladar / slide

Deslizar una figura plana en una dirección específica. Te sirve para mover una figura de tal manera que sea más fácil compararla con otra figura y así confirmar si las dos figuras son similares o congruentes.

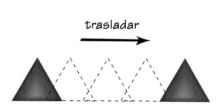

trasladar

traslapo / overlap

En un diagrama de Venn, cuando dos o más círculos coinciden en un área determinada, se dice que los círculos están traslapados. En general se aplica a cualquier figura que se encuentre encima de otra.

triángulo / triangle

Polígono de tres lados y tres ángulos. Existen varios tipos de triángulos dependiendo de la longitud de sus lados y el tipo de ángulos que contienen. Según el tamaño de sus lados: triángulo equilátero, triángulo escaleno y triángulo isósceles. Según el tipo de ángulos: triángulo acutángulo, triángulo obtusángulo y triángulo rectángulo. Consulta la Tabla de fórmulas de la página 124.

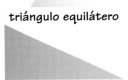
triángulo acutángulo

triángulo acutángulo / acute triangle

Triángulo cuyos ángulos son todos ángulos agudos.

triángulo equilátero / equilateral triangle

Triángulo con sus tres lados iguales.

triángulo equilátero

triángulo escaleno / scalene triangle

Triángulo con sus tres lados diferentes.

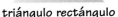
triángulo escaleno

triángulo isósceles / isosceles triangle

Triángulo con por lo menos 2 de sus lados iguales.

triángulo isósceles

triángulo obtusángulo / obtuse triangle

Triángulo que contiene un ángulo obtuso.

triángulo obtusángulo

triángulo rectángulo / right triangle

Triángulo que contiene un ángulo recto.

triángulo rectángulo

tridimensional / three-dimensional

Cualquier figura que tenga 3 dimensiones, o sea, que tenga altura, anchura y profundidad. Por ejemplo, un cubo es tridimensional.

No te confundas

Un **trapecio** no es tridimensional ya que sólo tiene 2 dimensiones: base y altura. La **recta numérica** tiene sólo una dimensión; tampoco es tridimensional.

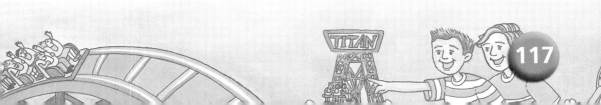

unidad / unit

La cantidad usada para medir cualquier tipo de figura. Las figuras unidimensionales se miden en unidades, las bidimensionales en unidades cuadradas y las tridimensionales en unidades cúbicas. También hay unidades para medir otras cosas, como masa, temperatura, etc.

unidad cuadrada / square unit

Unidad utilizada para medir área. El área de cualquier figura plana debe darse en este tipo de unidad. Sustituye la palabra "unidad" por el tipo de medida que utilice la figura plana. Por ejemplo si las medidas de un pentágono están en centímetros, el área del pentágono la debes expresar en centímetros cuadrados. Otra manera de expresar centímetros cuadrados es centímetros^2 o cm^2. El 2 indica 2 dimensiones, o sea, área. Puedes utilizar esta opción con todos los tipos de medidas.

unidad cúbica / cubic unit

Unidad utilizada para medir volumen. El volumen de cualquier figura sólida geométrica debe darse en este tipo de unidad. Sustituye la palabra "unidad" por el tipo de medida que utilice el sólido. Por ejemplo, si las medidas de un prisma están en pies, el volumen del prisma lo debes expresar en pies cúbicos. Otra manera de expresar pies cúbicos es pies^3. El 3 indica 3 dimensiones, o sea, volumen. Puedes utilizar esta opción con todos los tipos de medidas.

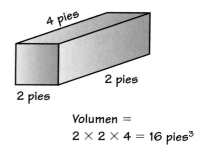

4 pies

2 pies

2 pies

Volumen =
$2 \times 2 \times 4 = 16$ pies^3

unidad fraccionaria / unit fraction

Consulta fracción unitaria.

unidades / ones

Valor posicional equivalente a 1. En un número entero, las unidades se encuentran en la primera posición de izquierda a derecha. El dígito que se encuentre en esa posición lo multiplicas por 1. Revisa valor posicional.

118

unidades de tiempo / time units

Unidades que te sirven para medir el tiempo. Éstas son: segundo, minuto, hora, día, semana, mes, año, lustro, década y siglo. Revisa la tabla de medidas en la página 126 para mayor información.

unidades métricas de capacidad / metric units of capacity

Unidades del sistema métrico que sirven para medir capacidad. Estas unidades son: litro y mililitro. La unidad básica de capacidad en este sistema es el litro. Revisa la tabla de medidas en la página 126 para mayor información.

unidades métricas de longitud / metric units of length

Unidades del sistema métrico que sirven para medir longitud. Estas unidades son: centímetro, decímetro, metro y kilómetro. La unidad básica de longitud en este sistema es el metro. Revisa la tabla de medidas en la página 126 para mayor información.

unidades métricas de masa / metric units of mass

Unidades del sistema métrico que sirven para medir masa. Estas unidades son: gramo, kilogramo y tonelada métrica. La unidad básica de masa en este sistema es el kilogramo. Revisa la tabla de medidas en la página 126 para mayor información.

unidad métrica de temperatura / metric unit of temperature

Unidad del sistema métrico que te sirve para medir temperatura. Esta unidad es el grado centígrado. Revisa la tabla de medidas en la página 126 para mayor información.

unidades usuales de longitud / customary units of length

Unidades del sistema usual que te sirven para medir longitud. Estas unidades son: pulgada, pie, yarda y milla. La unidad básica de longitud en este sistema es el pie. Revisa la tabla de medidas en la página 125 para mayor información.

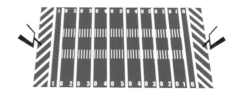

unidades usuales de peso / customary units of weight

Unidades del sistema usual que te sirven para medir peso o masa. Estas unidades son: onza, libra y tonelada. La unidad básica de peso en este sistema es la libra. Revisa la tabla de medidas en la página 125 para mayor información.

unidades usuales de capacidad / customary units of capacity

Unidades del sistema usual que te sirven para medir capacidad. Estas unidades son: cucharadita, cucharada, onza fluida, taza, pinta, cuarto de galón y galón. La unidad básica de capacidad en este sistema es la onza fluida. Revisa la tabla de medidas en la página 125 para mayor información.

unidad usual de temperatura / customary unit of temperature

Unidad del sistema usual que te sirve para medir temperatura. Esta unidad es el grado Fahrenheit. Revisa la tabla de medidas en la página 125 para mayor información.

unidimensional

Cualquier figura que tenga 1 sola dimensión, o sea, que sólo tenga longitud. Por ejemplo, una recta es unidimensional, ya que sólo tiene una dimensión, el largo.

usa el razonamiento lógico / use logical reasoning

Ve a la página 36.

valor posicional / place value

El valor que tiene un dígito en un número dependiendo de su posición. Revisa la gráfica de valor posicional de abajo. Observa cómo, a medida que te mueves una posición a la izquierda después del punto decimal, el valor posicional es 10 veces mayor. Cuando pasas de las decenas a las centenas, el valor aumenta de 10 a 100 (10 × 10). De las centenas a los millares, aumenta de 100 a 1,000 (100 × 10) y así sucesivamente. En los decimales, moviéndote hacia la derecha en lugar de multiplicar debes dividir. Cuando pasas de unidades a décimos, el valor disminuye 10 veces (1 ÷ 10). De los décimos a los centésimos, disminuye de $\frac{1}{10}$ a $\frac{1}{100}$ ($\frac{1}{10}$ ÷ 10) y así sucesivamente. Debido a esto, nuestro sistema de numeración se llama *sistema base 10*.

punto decimal

centenas	decenas	unidades	centenas	decenas	unidades	centenas	decenas	unidades	décimos	centésimos	milésimos
Millones			Millares			Unidad					
100,000,000	10,000,000	1,000,000	100,000	10,000	1,000	100	10	1	.1	.01	.001

valores de referencia / benchmarks

Valor que usas como referencia para hacer un cálculo aproximado de otros valores. Esos nuevos valores pueden ser mayores o menores que el valor de referencia. Puedes usar fracciones como valores de referencia para saber la cantidad que

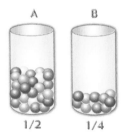

hay en un recipiente. Ejemplo: Los envases de la derecha tienen una capacidad aproximada de 40 canicas, ¿cuántas canicas tiene cada recipiente? La fracción más apropiada para describir qué tan lleno está el envase A es $\frac{1}{2}$, por lo tanto tiene unas 20 canicas. La fracción más apropiada para el envase B es $\frac{1}{4}$, por lo tanto tiene unas 10 canicas.

variable / variable

Letra o símbolo dentro de una expresión, ecuación o fórmula que se puede sustituir por distintos valores numéricos. Las variables se usan para indicar que, dependiendo del valor que les des, el resultado final cambia. Por ejemplo, la fórmula de la circunferencia de un círculo es 2πr (2 por π por el valor del radio). 2 y π son constantes (π es igual a 3.14) o sea que no cambia su valor. El uso de r para representar el radio indica que el tamaño de la circunferencia depende del tamaño del radio, o sea que es variable. Tienes que cambiar la r por el valor del radio de tu círculo. Por ejemplo, si tu círculo tiene un radio de 2 cm, su circunferencia es de 2 × 3.14 × 2 = 12.56 cm. Si tienes un círculo con radio de 3 cm, entonces la circunferencia cambia a 2 × 3.14 × 3 = 18.84 cm.

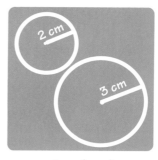

velocidad / speed

Razón entre una distancia y el tiempo que toma recorrerla. Un guepardo, por ejemplo, puede alcanzar una velocidad de 70 millas por hora, lo que quiere decir que en una hora puede recorrer 70 millas. ¡Eso es velocidad!

verticalmente / vertically

En una gráfica de coordenadas, forma de moverse: de arriba a abajo o viceversa un número determinado de casillas. Revisa eje vertical y par ordenado.

vértice / vertex

El punto donde coinciden dos o más rayos, segmentos de recta, lados o caras en una figura. Por ejemplo, en un ángulo, el vértice es donde inician los dos rayos. En un polígono, los vértices son los puntos donde se unen dos lados. En una pirámide, es el punto donde se unen tres o más caras.

No te confundas

El vértice es un punto y la **arista** es un **segmento de recta**. Por ejemplo, una **pirámide cuadrada** tiene 8 aristas y sólo un vértice.

volumen / volume

La cantidad de unidades cúbicas necesarias para cubrir una figura geométrica tridimensional. El tipo de unidad que debes usar es centímetros cúbicos, metros cúbicos, pies cúbicos, yardas cúbicas, pulgadas cúbicas, etc. Ejemplo: Imagina que quieres saber cuánta agua necesitas para llenar un estanque de forma cilíndrica. El radio del estanque es de 3 metros y la altura del estanque es de 2 metros. La fórmula del volumen de un cilindro es el área de la base circular por la altura, o sea, $\pi r^2 \times h$. Al sustituir las variables por los valores: $3.14 \times 3^2 \times 2 = 3.14 \times 3\ m \times 3\ m \times 2\ m = 56.52$ metros cúbicos.

Web / web

Nombre sintetizado de World Wide Web, o WWW, que es la red mundial de información. En esta red están conectadas millones de computadoras que comparten información en todo el mundo. Necesitas una computadora, un módem y un acceso a Internet para acceder el Web.

yarda (yd) / yard (yd)

Unidad de longitud del sistema usual. Una yarda equivale a 3 pies. Usa esta unidad para medir cosas grandes. Los campos de fútbol americano están divididos en yardas y miden 100 yardas. Revisa la tabla de medidas en la página 125 para mayor información.

yardas cuadradas / square yards

Unidad que se usa para medir el área de una figura plana o bidimensional; por lo general, extensiones relativamente grandes como el patio de tu escuela o la cancha de un estadio de fútbol soccer. Revisa la definición de yarda.

Tabla de fórmulas

Perímetro

Círculo $2 \times \pi \times r$ donde r = radio y π = 3.14

Cuadrado 4ℓ donde ℓ = lado ℓ

Rectángulo $2b + 2h$ donde b = base y h = altura

Área

Círculo $\pi \times r^2$ donde r = radio y π = 3.14

Cuadrado $\ell \times \ell$ donde ℓ = lado ℓ

Rectángulo $b \times h$ donde b = base y h = altura

Triángulo $\frac{1}{2} \times b \times h$ donde b = base y h = altura

Paralelogramo $b \times h$ donde b = base y h = altura

Trapecio $\frac{1}{2} \times h \times (b1 + b2)$ donde h = altura,
               $b1$ = base1 y $b2$ = base2

Volumen

Cubo ℓ^3 donde ℓ = lado

Prisma $\ell \times a \times h$ donde ℓ = largo, a = anchura
               y h = altura

Cilindro $\pi \times r^2 \times h$ donde π = 3.14, r = radio y h = altura

Cono $\frac{1}{3} \times \pi \times r^2 \times h$ donde π = 3.14, r = radio
               y h = altura

Esfera $\frac{4}{3} \times \pi \times r^3$ donde π = 3.14 y r = radio

Pirámide $\frac{1}{3} \times A \times h$ donde A = área de la base
               y h = altura

Tabla de medidas

Unidades usuales de medida

Longitud

1 pie (ft)	= 12 pulgadas (in.)
1 yarda (yd)	= 36 pulgadas (in.)
	= 3 pies (ft)
1 milla (mi)	= 5,280 pies (ft)
	= 1,760 yardas (yd)

Área

1 pie cuadrado (ft^2)	= 144 pulgadas cuadradas (in^2)

Volumen

1 pie cúbico (ft^3)	= 1,728 pulgadas cúbicas (in^3)

Capacidad

1 cucharada (tbsp)	= $\frac{1}{2}$ onza líquida
1 taza (c)	= 8 onzas líquidas (fl oz)
1 pinta (pt)	= 2 tazas (c)
1 cuarto de galón (qt)	= 2 pintas (pt)
	= 4 tazas (c)
1 galón (gal)	= 4 cuartos de galón (qt)
	= 16 tazas (c)

Peso

1 libra (lb)	= 16 onzas (oz)
1 tonelada (ton)	= 2,000 libras (lb)

Temperatura en grados Fahrenheit

32°F	= punto de congelación del agua
98.6°F	= temperatura normal del cuerpo
212°F	= punto de ebullición del agua

Tiempo

1 minuto	= 60 segundos (s)
1 hora	= 60 minutos (min)
1 cuarto de hora	= 15 minutos (min)
media hora	= 30 minutos (min)
1 día	= 24 horas (h)
1 semana	= 7 días
1 mes	= unas 4 semanas (sem)
1 año	= 365 días, 52 semanas (sem), 12 meses

Unidades métricas de medida

Longitud

1 centímetro (cm)	= 10 milímetros (mm)
1 decímetro (dm)	= 10 centímetros (cm)
1 metro (m)	= 1,000 milímetros (mm)
	= 100 centímetros (cm)
	= 10 decímetros (dm)
	= 1,000 metros (m)

Área

1 metro cuadrado (m^2)	= 10,000 centímetros cuadrados (cm^2)
	= 100 decímetros cuadrados (dm^2)

Volumen

1 decímetro cúbico (dm^3)	= 1,000 centímetros cuadrados (dm^3)

Capacidad

1 litro (L)	= 1,000 mililitros (mL)

Masa

1 gramo (g)	= 1,000 miligramos (mg)
1 kilogramo (kg)	= 1,000 gramos (g)
1 tonelada (T)	= 1,000 kilogramos (kg)

Temperatura en grados Celsius

0°C	= punto de congelación del agua
37°C	= temperatura normal del cuerpo
100°C	= punto de ebullición del agua

Índice

127

índice